LE LIVRE SECRET

Le Livre Secret de J. Péladan a fait l'objet de cette édition
in-8° raisin, la 6ᵉ de la Collection établie par la maison d'édition à
l'enseigne : « La Connaissance », sise à Paris, 9, galerie de la
Madeleine. Le texte a été imprimé par Frazier-Soye, 168, boule-
vard du Montparnasse, et les eaux-fortes gravées par Henry de
Groux ont été tirées par Sagnelonge, 71, rue Blanche.

L'ouvrage a été tiré à 500 exemplaires numérotés de 1 à 500,
dont : 15 exemplaires sur japon impérial, 30 exemplaires sur chine,
100 exemplaires sur hollande Van Gelder Zonen, 355 exemplaires
sur vélin d'Arches.

Cet exemplaire a été justifié :

J. Péladan
Henry de Groux

J. PÉLADAN

Le Livre Secret

AVEC UN PORTRAIT ET DEUX ALLÉGORIES
GRAVÉS A L'EAU-FORTE PAR

HENRY DE GROUX

SUIVI D'UNE NOTICE PAR

VICTOR-ÉMILE MICHELET

ON SE LASSE DE TOUT

EXCEPTÉ DE CONNAITRE

PARIS
« LA CONNAISSANCE »
9, GALERIE DE LA MADELEINE
MCMXX

LE LIVRE SECRET

PRÉFACE

Ce livre est le livre secret
Où, pour l'unique aimée,
Un esprit s'est mis nu,
Sans pudeur et sans artifice.
C'est le miroir évocatif
D'un grand désir,
Et les bizarres variantes
D'un seul motif.
C'est le psautier du Tendre
Écrit sans fard,
Et la confession émue
D'un noble amour !
Qu'il soit lu, comme il fut écrit,
Ce chant d'exil ;
Et qu'il aide, comme il a aidé,
Pour attendre !

Le Livre Secret   Henry de Groux

Le Livre Secret   *Henry de Groux*

DÉDICACE

C'est ici le cadeau d'un amoureux,
Mais qui s'est donné tout entier,
Et pour qui l'année qui commence
Est l'aube de résurrection !
Tu es le rabbi radieux
Qui crie au mort de se lever ;
Nouveau Lazare, j'obéis,
Car j'étais mort à l'allégresse,
Depuis trois ans enseveli.
O mon Siegfried, tu me réveilles,
Héros vainqueur du feu
Et des enchantements.
Tu es belle autant que le Velsung,
Et moi je sais mieux les runes
Que la fille du loup.
Je te donnerai la science
Qu'a oubliée la vieille Erda,
A toi, victorieuse de l'anneau,
Immortelle libératrice !

DOUTE

Ce que je rêve, il vaudrait mieux le faire,
Et que mon désir agît sur ton désir,
Le contrepoint de mon caprice,
Et que la volupté fût acte et non parole.
Les mots ne veulent obéir à mes pensées,
Ou bien le terme vague, ne touche pas,
Ou brutal, il évoque de nobles ardeurs,
Et, ingénu, j'en serais triste !
Mais je sais qu'une loi bizarre
Oblige certains à penser
Les sensations, ainsi que les idées,
Et que leur sexe même,
S'exprime aux termes de l'esprit.
Je pense mon désir comme un poème.
Je médite profondément des caresses.
Et j'écrirai peut-être une méthode, .
Un rite pour t'aimer.
Sacrilège ou seulement audace !
Heureux qui sait hiératiser sa chair,
Et faire du péché une solennité,
A force d'âme éparse.

TA BEAUTÉ

Tes yeux sont si pleins de pensées,
Que tu sembles connaître tout.
Et ta pensée est de telle voyance,
Que tu reconnais le mystère énoncé.
Ton corps est si pur en sa forme,
Qu'on ne rêve pas y toucher,
Et te toucher est si intense,
Que l'âme oublie pour vibrer.
Ta main est si fière et si mince,
Que le seul sceptre ou l'encensoir
Convient à sa forme subtile.
Ton sein est d'une vierge de missel,
Intémérable en sa ligne sacrée ;
Il extasie le cœur et la lèvre ;
Eros lui-même s'y griserait.
En toi l'amour se cache,
Comme un trésor enfoui.

LISE

Toute l'humanité pâlit à ce sourire,
Remous mystérieux de l'âme,
Au bord conscient de la chair.
Chacun qui se croit grand
S'affronte à cette énigme.
La sublime coquette énigmatique
Défie l'audace curieuse,
Et garde le secret du Dieu son maître.
Moi, j'ai retrouvé le florentin sourire
Aux plis roses d'un corps précieux.

TOUTE LA LYRE

Entre ton orteil et ta tempe,
Je veux borner tout mon plaisir;
Entre ton âme et ton corps,
J'opérerai mon devenir.
Je t'ai choisie pour compagnonne
Des patenostres et des péchés.
Je te mènerai sur les cimes,
Et tu me suivras dans le pré,
Nous escaladerons la gnose,
Ce mont Altaï aux mortels,
Mais respirerons les roses,
Les rouges roses de la chair.
Et nous dédierons aux étoiles
De purs élans d'une vraie foi.
Comme Tannhauser sincères,
Nous boirons le vin de la vie
Aux coupes de nos corps pressés;
Nous unirons, vivantes lyres,
L'hymne du corps à l'idéalité.

THÉÂTRE

Aux jours heureux des anciens règnes,
On variait toujours les fêtes,
L'invention paraissait les renouveler,
Ou bizarres, ou nobles, différentes.
C'était la comédie, le jour;
Le soir, la sérénade; et le temps
S'envolait parmi devises et chansons,
En tournois, carrousels, festins.
Nous n'aurons qu'un théâtre
Et qu'une comédie, à deux acteurs
Pour tout représenter, marivaudage et tra-
    gédie.
Et le théâtre sera notre corps
Avec un nombreux répertoire,
Antre enchanté, lianes vivantes,
Heures grecques, rites orientaux,
Enfin le répertoire inouï
D'Hafiz, de Dante et de Shakespeare,
Tout cela par le mi,
Tout cela dans un lit.

MATIÈRE

Si la chair n'était pas nécessaire
Au grand œuvre de l'amour,
Si voyants nous fermions nos paupières,
Et ne touchions le rêve que par l'esprit,
Pourquoi ne pas aimer les anges,
Esprits très beaux, très purs et tendres,
Au lieu de conjuguer sa détresse,
Avec un semblable malheur?
Phidias a tiré Athéné de la boue.
Raphaël étendit des couleurs sur le plâtre,
Et l'orchestre est fait de bois, de cuivres,
De crins et de boyaux de chat.
Si le génie lui-même a besoin de matière
Pour rendre son âme sensible,
Comment l'amour parlerait-il,
Sans les mains chercheuses de plaisir,
Sans les lèvres lascives et folles?
Sois donc l'enclume, je serai le marteau,
Et forgeons-nous du rêve,
A grands revers de corps.

ADMIRATION

On dit le vin permis :
J'aime mieux boire à ta bouche sa rosée.
Manger est légitime : ma bouche à ta bouche
Se nourrit d'une joie sereine.
Mes mains ont droit aux fruits,
Elles préfèrent pétrir ta chair.
Plusieurs s'extasient au coquillage,
A l'insecte, à l'herbe, au caillou.
Serait-ce donc moins admirable,
Cette extase de ton corps?
Tes yeux de paradis,
Tes lèvres si subtiles,
Tes bras égyptiens,
Ta gorge de missel,
Tes mains de fresque,
Ton ventre virginal,
Ta croupe païenne,
Ton pied d'Espagne,
Ta jambe de page,
Tes mollets d'amazone,
Ta grâce italienne,
Tout sera à moi sans contrainte.
Sur les chemins je te suivrai.

ART

Rien n'est étrange, autant que l'inconstance
De nos plus vives impressions,
Et d'heure en heure, nos pensées changent
Comme au ciel, les images passent.
Si je relis, au moment calme,
Ces chansons par mon cerveau écrites,
Je m'étonne et me trouble,
Car le vieil idéal de l'Église
Pèse encore sur ma chair en moi.
Tant de matière et d'animalité,
Doivent-elles habiter au cœur du chevalier?
Et la chair inspirer le trouvère?
Certes, si mon esprit vivait en pureté,
Si ma pensée était toute spirituelle,
J'aurais tort d'avouer ces luxures.
Mais malheur à qui ment
Aux matières vivantes d'Eros!
L'amour, comme l'art, est sincère,
Et comme lui il prend ses éléments,
A la fois du ciel et de la terre.

DÉSIR

L'affamé rêve de festins,
Le pauvre de trésors, l'humble de sceptre.
Dès qu'une chose manque, elle grandit d'au-
  tant.
Et je suis fou, parce que je suis loin.
Le doux rayonnement de ta présence,
Ta fine main sur la mienne posée,
Le seul éclat de tes doux yeux,
Me rendraient sage, heureux ensemble.
Mais tu es loin, par l'espace et le temps.
Pour te sentir, il faut que je t'évoque,
Et je crie au lieu de parler.
Mon désir s'exalte au lieu de rayonner,
Et mon cantique a la voix rauque
Et mon désir paraît grossier.
Apparence! Je suis le même qui de près
Se soûlerait d'un bon sourire ;
Nourri du seul pollen de ta grâce flottante,
Faute d'avoir ton front sur mon épaule,
Je dirige vers toi mon animalité,
Et l'arc d'amour se bande
Pour que le trait de joie
Puisse fendre l'espace
Et se planter vibrant dans ton cœur

VÉRITÉ

L'apercevoir passer serait déjà jouir.
Mon âme s'enivrerait de ton profil
Si grave, seulement aperçu.
Et le son de ta voix, comme motif aimé,
Éveillerait l'essaim des souvenirs ;
Abeilles de l'esprit qui butinent
Dans les moments fleuris et odorants,
Le suc essentiel de l'existence.
Loin de ton beau rayon,
Mon amour s'exaspère et s'entête.
Je veux te voir, et je matérialise
La pure et noble vision.
Je veux sentir ton effluve suave,
Et lance mon désir comme un faucon
Pour te toucher, malgré l'éloignement.
Un jour, pleins de sérénité, et tels
Que Virgile a dépeint les élus,
Par couples s'égarant dans les Champs-
    Élysées,
Nous nous donnerons tout
Par un contact de l'âme ;
Jusque-là, c'est mon corps qui se tend
Pour étreindre le tien.

VIATIQUE

Aux longs chemins sans ombre,
Par les nuits sans étoiles,
Le pérégrin se sent faiblir.
Il est loin de son toit,
Il est loin de son but,
La fatigue et le doute
L'escortent, laids compagnons.
Alors il prend sa gourde
Pendante à son côté,
Il boit pour se rafraîchir l'âme,
Et se remet en route réconforté.
Que ce livre confus mais tendre
Soit, dans l'effort et l'ombre,
Le viatique de ta constance.
C'est le mauvais psautier
Où toute ma faiblesse
Espère et se lamente,
Mais tu y trouveras,
A boire pour une même soif,
A manger pour une même faim.

LE SEPTÉNAIRE

Les anciens nous ont tout légué
En pères dignes et pieux.
Les lois du monde et les dieux
Leur doivent leur usage !
Mais afin que l'homme pût voir,
En toute chose, l'harmonie,
Ils inventèrent, à l'instar du ciel,
Des règles aux œuvres de la terre.
Il est sept modes pour chanter,
Et j'en connais sept pour aimer.
Du classique discours
Des voluptés sereines,
Je les indique ici cursivement,
Car on ne voit pas clair
Pendant l'intense vision.
La plume et l'esprit tremblent
Qui tentent la décrire.
Quelle éloquence, alors qu'on balbutie,
Et quel dessin, quand la main tremble,
Je m'adresse non à l'esprit,
Mais à la chair compatissante
A mon même tourment.

INTIMITÉ

Intimité, ô mot délicieux
Qui signifie bonheur pour les amants.
Intimité, réalité de tous les rêves,
Où le désir s'apaise, satisfait.
Intimité, c'est l'amour à toute heure,
La réponse subite à la demande,
L'écho se confondant avec la voix
Et la sérénité dans la passion.
Hors d'elle, on aime comme on vole,
Inquiet, hâtif, épeuré.
Et l'âme ne s'entend pas vivre,
Et la chair ne se sent pas jouir.
Toujours ce bas souci de l'heure,
De l'imprévu du lendemain.
Avec les complicités douteuses,
Les transes, les ennuis. Demain :
Demain est nécessaire à aujourd'hui.
La suite fait le mérite de l'exorde.
Il faut envisager toute la vie,
Pour l'œuvre vraie du vrai amour.

VARIANTE

Comme après un festin
On cueille encore un fruit,
Parce qu'il pend à l'arbre,
Et que l'heure verdoie.
Après les caresses puissantes,
On goûte encore de moindres joies,
Ou du moins d'autres allégresses,
Subtiles et ténues, folles et délicates.
J'imagine un rayon de soleil ou de lune
Qui te caresse ou les seins ou les reins,
Et me les montre, renouvelés, divers.
Par lueur étrange et imprévue,
Je me figure ta beauté
Se détachant sur un ciel pur,
Fleur de chair frémissante
A l'impression de l'air.
Plaisirs d'été !

DÉSIR

Toute la volupté qu'ici j'évoque
N'est que le corps de mon désir.
Mon âme a plus d'essor,
Et mon esprit plus d'envergure
Qu'il n'est de désir en ma chair.
Mais j'ai trouvé dans ton étreinte
Un tremplin d'idéalité.
La caresse des autres, lourde et sans aile,
Me laissait mécontent et sans lyre.
Et ton corps pour mon rêve
Est un divin perchoir;
La colombe épuisée en ses vœux
Se mue en aigle fier.
Je deviens mâle devant les dieux,
Et allégé de toute faiblesse
De mon humanité, je monte
Spirituel et pur, vers la nuée.

CHARNALITÉ

Je viens d'ouvrir la Vie des saints,
La chair y tient une vraie place.
La souffrance est leur volupté,
Et leur corps l'ennemi détesté,
Qu'ils frappent et torturent.
Inquisiteurs, bourreaux,
De leur propre animalité.
Qu'espéraient-ils de tant de haine
Contre la forme de la vie,
Et quel était le prix attendu
Des cilices, des haires ensanglantées?
L'exaltation de l'âme !
Respectons leur erreur austère,
Ne touchons pas à leur prestige.
Ils cherchaient Dieu à leur façon,
Et malgré qu'ils nous épouvantent,
Vénérons-les : ils furent grands,
Mais j'attendrai avant de croire
Que leur chemin seul nous conduit,
D'avoir senti, dans nos étreintes,
Ma raison fuir et mon esprit descendre,
D'avoir trouvé un goût de cendre
A nos nobles baisers de vie.

LE VRAI PLAISIR

O ma sœur, secouons l'entrave séculaire
Que de sombres esprits tentés
Jetèrent, comme des rets d'émoi
Sur l'amour et la volupté.
Tous ceux qui ont traité la terrible matière,
Étaient obscurcis par leurs vœux.
Ils n'étaient plus touchés par la vague de vie,
Et par un morne enfer préludaient à leurs cieux.
Une doctrine existe, qui, sereine,
Cherche ses lois dans l'harmonie,
Et ne retouche pas l'œuvre divine.
Le vrai homme n'est point châtré,
Il n'est pas vrai que la luxure
Enlise et déperde l'esprit.
Le vrai plaisir nous porte à la prière.
Le bonheur aussi mène à Dieu,
Si l'épouse est vraïment complète,
Si les âmes aussi s'étreignent,
Si les esprits aussi longuement
Se caressent et se fécondent,
En une grande et triple ivresse.
Pour trouver le salut en cette voie
De perdition pour le grand nombre,
Il faut la permission des anges
Et la rencontre prodigieuse
D'un être triple et consolant.

CÉLÉBRATION

Une chose n'est rien que celui qui l'a faite.
Et l'acte se juge et se décide en agissant.
Si Dante s'arrêtait à Ravenne, disant :
Vous êtes belle, à la fille passante,
C'était une couronne qu'il donnait,
Car son désir se nommait Dante.
Qu'eût valu le même cri, d'un manant ?
La hiérarchie de l'être s'étend à tout.
Et pour l'amour il n'est qu'un être,
L'aimé, le vrai, l'unique et l'ineffable.
Et quel qu'il soit, il s'augmente
Du nimbe décerné, auréole adorante,
Qui transfigure et surélève
Les plus communes expressions.
On ne fait pas l'amour alors,
O mon aimée, on le célèbre !

CHANT D'ALLÉGRESSE

Tes cuisses sont d'une faunesse,
Et tes mollets d'un jeune page,
Telles les jambes qu'Hésiode aperçut
Dans son rêve du bois mystique.
Tes pieds ont don de joie,
Tes mains savent tenir un sceptre.
Mais comment épuiser
Le contre-point charnel
Que ta beauté m'inspire ?
Je suis l'ogre et tu es cent agneaux.
Et plus que ce délire
Une réflexion signifiera,
En sa simple éloquence.
Oui, je veux reculer avec toi
Les bornes du sensible,
Et épuiser la tradition de volupté.
Mais tu me donneras déjà
Le paradis, sur la main à baiser.
Tandis que les autres engendrent
Selon la lettre et la chair,
Et grossissent, inconscients, le nombre
De leurs semblables frères ;
Interprétons, au sens cardinalice,

L'identique commandement.
« Engendrez », dit la loi : « Jouissez », dit le
   vice.
L'un ni l'autre n'est vérité.
Le texte hébreu n'explique pas
Quelle croissance
Fut commandée au premier couple,
Ni quel engendrement.
Mais Platon l'apprit de l'Égypte,
Et de lui je l'ai su.
« Ame, multiplie la plume de tes ailes,
Pour mieux fendre la nue.
Esprits, croissez dedans l'intelligence,
Pour concevoir les dieux »,
Car rien n'arrivera à chacun
Que sa propre pensée.
Le devenir, ce destin d'au-delà,
Est le fils de nos rêves.
Croissez donc, nobles esprits,
Afin que le salut
Commence dès ce monde.
Que le baiser
Épuise en nous l'originale erreur ;
Et la prière
Essorera rapide et libre
Et exaucée,
Par l'androgyne vertu
De l'unité.
Et vous engendrerez pieusement

Des pensées immortelles.
Vous aurez pour filles
Les notions,
Reflets du verbe, et des mirages,
Ombres des dieux.
Cette vie n'est qu'un rêve,
Où l'on s'efforce
De conjurer le cauchemar.
Et la réalité commence à la mort !

Ce rêve a mille formes,
L'ambition, la fortune,
Les vains honneurs.
Sa belle forme, — c'est l'amour !

Quelle ambition est digne
D'un dédaigneux songeur,
Un trésor, ou un trône ?
La vraie fortune, — c'est un cœur !

Quelle impression mérite
L'espoir ou le regret?
L'acclamation des réussites
Ou le laurier? — c'est ton baiser !

Car en lui se résume
La conquête au plaisir.

SAISONS

Faut-il tant de matière
Pour exprimer l'amour ?
Et cette volupté qui semble folle
L'exprime-t-elle bien ? Amante,
Ton droit s'étend sur l'être entier,
Mais ton devoir a même envergure.
Subis la matière, ô fille de la chair,
Songe que plus pur
On serait moins à toi.
Truchement du divin
Qu'adore la faiblesse,
Et que la force écarterait,
Ce n'est ici qu'une saison
Torride et balafrée d'éclairs lubriques.
L'automne rêvera davantage,
Et l'hiver sera grave.
Pour l'instant, le désir bourgeonne
Et veut fleurir impérieux,
Mais sois sûre que toujours
Le corps sait bien se taire,
Quand c'est l'âme qui jaillit ;
Le temps, impérieux vieillard,
Me harcèle ; je ne puis

Retourner en arrière,
Refaire et retoucher.
A toi de déchirer les feuilles
Qui dépareront le sélame.
Il y a des fumées dans la flamme,
Et des taches dans le soleil,
Je n'ai que le remords d'artiste
D'avoir parlé négligemment.
Mais, pour le fond je le professe,
Et sans cynisme et sans pudeur :
Entre amants tout est bien,
Tout est légitime et juste,
Sauf la douleur!

FLEURS

Lorsque je chanterai ta gloire,
On entendra l'accent d'un maître,
Et le chœur des amantes sacrées,
En dignes sœurs, t'accueillera.
J'ai soupiré l'ardeur de mon désir,
Sans art, j'ai exhalé ma plainte,
Tu sauras sentir sous l'informe
Mon magnifique amour.
Au bonheur, au bonheur,
Que les myrtes verdoient!
La gloire ira avec les ans,
Le laurier vient après les roses.
Fleurs, fruits de l'amour,
Voilà nos œuvres vives,
A cultiver et à cueillir.
N'es-tu pas la couronne?
Que me vaudrait le monde,
Auprès de ton sourire
Qui m'émeut tout entier,
Esprit, et cœur, et chair.

DÉDICACE

J'ai vu briller l'étoile des ancêtres
Dans tes grands yeux de paradis.
Miroirs vivants d'éternité,
Vitraux transparents de mystère,
Gemmes de belle joie,
Escarboucles de gloire,
Lumière d'immortalité !
J'ai vu, montrant le chemin fatidique,
Tes belles mains pleines de volupté,
Aux lents gestes d'extase,
De sainte, et de marquise :
Gage de loyauté,
Fermeté d'androgyne !
Pour tes yeux, pour tes mains,
Au jour d'Épiphanie,
Ce petit livre est né.
Reçois-le comme un gage
De l'aïeul Balthazar.

ADVIS

Ce n'est ni beau, ni ordonné,
Mélange de pensée et de désir.
Moins d'un mage que d'un sorcier,
Mais c'est de moi, — cela suffit !
Ton pied nu me ferait pâmer
Rien qu'à le voir passer la robe,
Car c'est le tien, et tout en toi,
Esprit, chair et cœur, rayonne.
Je donnerai pour ton essence,
Les olibans et tous les baumes,
Car tu es la source où je bois,
La vigne où je m'enivre.
Qu'importe ici le beau métier,
Le choix des mots, et l'ordonnance,
Et que mon chant soit juste ou faux,
Si vraiment mon âme te chante
En dépit de la tabulature,
Mon magnifique amour !

DÉFINITION

L'amour n'est ni la passion ni la volupté,
Ni l'engendrement, ni l'amitié, ni une asso-
    ciation.
L'amour est celui qui aime.
C'est-à-dire fol, brute, marmailleux,
Sans chaleur ou pratique, — suivant qui
    l'éprouve.
En essence il ne se définit que
Par la personne, puisqu'il est
Son désir extériorisé.
Et les moralistes ont niaisé, parce qu'ils
Ont pris le phénomène en général.
Communément, l'amour, de même
Que la commune dévotion ou probité,
Est une routine.
Exceptionnellement, l'amour est
Une métaphysique, la suprême
Vertu, un avant-goût céleste,
Si les amants sont métaphysiciens,
Vertueux, et postulants au cœlicolat.
L'amour est celui qu'on aime.
Car tout sentiment se limite par son objet.
L'amour serait donc le total

De deux êtres, — et supérieur
A chacun, comme deux l'est à un.
Comme trois l'est à deux.
Car l'amour n'est ni l'amant,
Ni l'amante, mais le fils de l'un
Et de l'autre, formé de
Leur émanation la plus subtile.
On définit le saint esprit comme
Étant personnalisé, l'amour
Du père et du fils.
Ainsi comme rien s'apparente à tout,
Et en distance du fini à l'infini,
L'amour est un engendrement
Subtil, redoutable, et resté caché
Dans tous les dogmes.
La simplicité ici le cache encor!

NOTRE REFLET

L'amour est tout nous-mêmes, quand il est,
Écho à toute voix, amen universel !
Varié, diapré, prismatique, protée,
Comme un portrait à chacun il ressemble.
C'est notre incarnation enfin, mystérieuse,
Mais s'il s'élève aussi bien qu'il s'abaisse.
Parangon de vertu, abîme de faiblesse,
Terre et cire, aux pouces de la volonté,
Il réalise nos vœux et nos secrets.
Et si nos vœux sont purs et magnanimes,
Si nos secrets viennent de l'Empyrée,
Si notre vertu habite notre sein,
L'amour prend l'habitude du sublime.
Il réchauffe et réconforte, il éclaire et guérit.
Chaleur et force, lumière et baume.
Et c'est parce qu'il ressemble au paradis,
Que tous le veulent et que si peu l'atteignent.

MA LYRE

Mon amour a neuf sœurs ;
Tous les arts sont ses frères.
Je sais voir dans la bien-aimée
Formes, couleurs, rayons, musique !
Elle est le miroir double et parfait,
Où le monde et mon rêve se reflètent.
Chimère et sœur touchante et chef-d'œuvrale,
Sa beauté me redit le grand dogme plastique,
De l'androgyne au ventre plat, aux beaux
    reins,
De Polyclète du grand Signorelli :
Sa nature harmonieuse et haute
Consonne à ma pensée comme à ma chair.
C'est toujours tableau et subtile musique,
Mouvements de l'âme et du corps.
Heureux qui peut sur le Parnasse
Amener l'être de son choix,
Et dire à Apollon son maître,
Cette femme est ma lyre — à moi !

LA LENTILLE

Tu connais la lentille qui montre,
A des millions de lieues, des mondes,
Et fouille l'invisible, et traverse l'espace !
Entre la vie et Dieu, tu es cela !
Tu me fais deviner les harmonies lointaines
De la série, et du cosmos géant ;
Les clartés rayonnantes de l'hypothèse
Passent comme un rayon sur ton flanc.
D'après toi, je suppose et j'invente,
Cher truchement de l'au-delà ;
Tu es la chair de touche ; l'expérience
Élabore sa découverte immense,
Entre ton noble cœur et ton beau ventre.
Tu es le divin escabeau qui m'élève
Aux contemplations surhumaines.
On descend aux enfers solitaire,
Mais pour toucher aux lumineuses sphères,
Et voir aux zones éthérées de l'esprit,
Il faut que mon esprit avide
S'applique comme un œil à ton cœur !

MATINES

Comme on pense à demain dès la lettre reçue,
Fût-elle du matin, la journée est finie,
Et on la donnerait sans peine,
Car seules sont les heures pleines,
Qui renouvellent notre ardeur.
Juge donc par un jour de la vie
Et ce qu'elle vaudrait insigne,
Si le temps s'animait sans cesse
Des mêmes feux qu'en ce moment.
Les hommes subissent cette violence,
Baissent la tête sans comprendre,
Moi, je sais le secret des normes,
Et je leur obéis allègrement,
Car j'aime en toi, non le vertige,
Mais la sagesse que tu gardes :
Trésor caché par les anges,
Trésor de joie, de paix, d'alacrité.

LES SAISONS

PRINTEMPS

Les boutons de tes seins sont des fleurs
Aimantées qui attirent les lèvres.
La rose de ta bouche est un poème
De grâce, de saveur et de subtilité.
Toute ta forme est fine et jeune,
Tu es un être de printemps,
Qui cache au fond de toi, prodige,
Le soleil d'amour de l'été.
Tu es vierge par le dessin, l'allure.
Ta caresse même très répétée
Semble toujours une faveur.
Lorsque tes yeux s'ouvrent
Je frémis, comme au premier jour,
Toujours nouveaux, tes doux yeux chauds,
Pleins de mystère sont les yeux
D'une noble et douce pucelle.
Et notre amour
Toujours me donne le souvenir
De quelque rite obscur d'Égypte.

ÉTÉ

Bas les voiles ! rayonne toute nue,
Et vaque aux ordinaires soins vêtue de ta beauté.
Je contemple la lumière irisant ton ventre,
Ton sein qui bouge, ta hanche ronde,
Le geste hiératique de ton bras fin,
La courbure nette de tes reins,
Et tes mollets précis de page,
Ta cuisse ronde et ferme.
Promène devant moi ta nudité,
Comme faisait l'hellénique hétaïre,
Devant les maîtres du ciseau.
Et, si les murs sont hauts
Je permets que le soleil te baise.
La lune même a licence.
Fais chatoyer tes charmes
Aux rayons d'or, aux rayons blancs.
Apparais-moi faunesse, ou bien Endymion,
Couche-toi, et laisse l'astre
Éclabousser de sa lumière
Ton corps caressé par mes mains.

HIVER

Devant le feu, sous la lampe, le soir,
Comme les argonautes qui se souviennent,
Nous parlerons de nos efforts à nous unir.
De ta noble constance, de nos anciens soucis.
Cœur à cœur, souriants et calmes,
Nous redirons un lent épithalame,
Délicieusement monotone et grave.
Je dirai mes pensées les plus belles.
Nous ferons des plans d'œuvres,
Ou bien nous lirons les poètes sacrés,
En mettant pour signets des estampes de
   maîtres,
Et puis dans le lit tiède nous irons
Enlacer nos corps sans violence,
Et lascifs nous nous aimerons,
Bizarres ou simples suivant l'heure,
Jusqu'au sommeil, ce bon ami,
Qui nous bercera tous les deux
Et un moment éteindra notre prunelle,
Pour nous donner la joie de s'éveiller ensemble.

TON FILS

Tu seras mère, ô mon Hélène ;
J'aurai de toi Euphorion,
Éphèbe fait de science et de vision.
Il sera beau, aimant, comme sa mère,
Et de son père il incarnera la pensée.
Nul œil ne le verra, le rejeton splendide,
Que l'œil de nos cœurs charmés.
Il sera éternellement jeune,
Et vaincra la vieillesse, la maladie, la mort,
Car il sera constitué de nos parties subtiles.
Quintessence d'esprit, apogée d'âme.
Et peut-être est-ce lui,
Absorbant nos deux moi,
Qui deviendra l'élu,
Éternel androgyne.
Mais j'en dis trop.
Cela est si terrible !
Tu seras mère selon l'esprit !

TOUT AMOUR

Nous aurons pour amis les immortels.
Nous présenterons nos heures à leurs œuvres
Comme des chapelets à des autels privilégiés.
Nous irons au musée comme on va à l'église,
Au lit comme on va vers les livres,
Car tout se tient dedans notre harmonie.
L'admiration est sœur de la piété,
Et le lit un pupitre pour voir
De magiques estampes, de douces miniatures.
Mais la raison sentimentale
Est autre : ton corps toujours
M'a semblé un corps sacré.
Chaque fois que j'y touche,
Je suis comme surpris
D'un honneur excessif, imprévu.
Ton corps est pour moi un mystère !

UNITÉ

Oui, c'est une vertu que le désir unique.
Il pose ses sept sceaux sur le pacte de l'âme.
Il descend des sept cieux dans un cœur,
Ce sont de fortes chaînes que celles de la chair,
Solides sont les clous que la volupté rive.
Plus purs nous serions moins épris,
Et moins sûrs l'un de l'autre.
Un même joug nous maintient,
Et nul ne peut tourner la tête
Sans fatiguer son compagnon.
Dessein admirable d'En-Haut.
Contre notre fragilité, les anges inventèrent
Ce sentiment terrible, inexprimable,
Qui fait deux êtres solidaires
Au péril, à la joie, aux pleurs.
Tu es toute mon espérance.
Je ne conçois plus l'existence
Sans le chaud soleil de ton cœur.
La communion est telle, qu'il semble
Que Dieu nous créa l'un pour l'autre !

TOI

Le mystère sera notre atmosphère.
La volupté notre belle habitude.
Nous vivrons de pensées, de caresses,
Avec les génies du passé pour guides,
Les belles œuvres pour modèles,
Nous tâcherons de ressembler
A de vivants et beaux poèmes ;
De faire une grave musique
De nos idées, et de nos nerfs.
Car tu es un écho prodigieux
De gnose autant que d'érotisme.
Tu es l'être complet que l'on aime trois fois,
Pour sa beauté qui charme,
Pour son cœur qui réchauffe,
Pour son esprit qui peut monter
Et respirer l'air subtil d'en haut.
Et c'est enfin ton idéalité certaine
Qui me permet de me complaire avec toi
En des joies — sur toi — sentimentales,
Sur toutes autres, viles et animales.

PROCÉDÉ

Qui s'informe jamais des moyens employés
Pour obtenir la perfection de l'œuvre?
Combien Phidias pétrit de terre grise?
Combien le Dante déchira de papier?
Pour que le « Zeus » et « La Comédie » vivent.
Comment le Palissy cuisait-il l'émail?
La part d'étain dans le Persée de Cellini?
Si dans « la Pastorale » l'orage est observé?
Et si la cathédrale eut son modèle en cartes?
Qui s'en soucie et qu'importe si la perle
Est la larme de joie de la mer qui frémit.
Elle est pure, étant belle.
Ainsi mêlons, insoucieux des pudeurs vaines,
Aux essors de l'esprit, les vibrations des
   sens.
Et les spasmes du corps aux envolées de
   l'âme.
Pour couler notre amour en immortalité!

RÉALITÉ

O douce vie que la vie aperçue,
Vie recueillie, et lascive, et savante,
Où ta beauté charme les yeux,
Après que l'esprit s'est tendu,
Aux textes détenteurs de vérité,
Du chef-d'œuvre à ton cœur,
De l'idée à ton ventre,
Du baiser à la conception,
De l'œuvre à la caresse.
Pas un obstacle, pas un délai.
Penser, œuvrer, jouir.
Jouir, œuvrer, penser.
Et mêler ces trois termes,
Comme des fils qu'on brode,
Et ne plus distinguer
Le plaisir de l'effort,
Et ta chair de mon rêve.
Voilà la vie nouvelle.
Elle est sublime, elle est
Le plus beau songe qu'on ait fait.

MANIÈRE DANTESQUE

Trois dames m'apparurent, toutes belles.
L'une était pudique et voilée,
Joignait les mains en priant,
On eût dit une nonne vierge.
L'autre avait le sourire aux dents,
Le regard clair et l'aspect noble ;
Sur sa main perchait un faucon.
On eût dit Léonore de Ferrare.
La troisième était presque nue,
Et rayonnait du désir flammé,
La pointe des seins faisait cligner mes yeux,
Sa beauté était très éphébique.
Elles semblaient me presser de choisir.
Toutes trois te ressemblaient.
Fidèle amant, j'abaissai mes paupières.
Quand je les relevai, je n'en vis qu'une,
Et qui était pudique, et fière, et érotique.
Je m'approchai, et c'était toi !

ÉVOLUTION

Un cri d'abord rauque, inarticulé,
Près duquel le croassement est musique.
Un singe noir, velu, inquiet,
Monstre anormal, bête imparfaite.
Le gloussement de l'homme primitif
Est devenu la parole parfaite,
Des livres saints, de Platon et de Dante.
La forme simiesque de l'homme des cavernes,
Métamorphose éblouissante,
Fait place à l'androgyne et à l'Antinoüs
Et rayonne au Parthénon et aux chaumières.
Eh bien! la volupté et brutale et confuse
S'élève lentement à la dignité d'art,
Et la chair qui, avide, d'abord
Se vautrait animale, soudain
Subtilisée s'alchimise en un chant,
Digne de se mêler à ceux de l'âme.

VOLUPTÉ

La volupté est un remède étrange,
Qui guérit le désespoir lui-même ;
Mais il engendre aussi la mort.
C'est un poison comme il est dictame.
Ses victimes sont innombrables,
Et l'Église elle-même en a peur.
Semblable au sphynx de Thèbes,
Cette énigme dévore tous les présomptueux ;
Et seule une race choisie
Peut se jouer du monstre,
Et le forcer à prendre sa vraie forme.
Celle-là, maîtresse, est la sérénité,
La paix joyeuse, la douce force.
Pour rompre le prestige séculaire
Il faut venir, l'âme si pleine de feu,
Que l'on soit tout lumière.
Alors, l'instinct subtilisé
N'est plus aveugle et sans vertige
Il s'enivre sans jamais s'égarer :
La vraie volupté vient du cœur.

NOEL

Noël ! Vieux cri de l'âme catholique.
Acclamation de la terre à son roi.
Noël ! Unique écho des basiliques,
Cri d'espérance et cri de foi.
Noël ! toute lèvre sereine
Peut te dire comme un cantique.
Tu es le mot de joie,
Les deux syllabes triomphantes.
Et moi aussi, je crie « Noël » !
Car un amour m'est né
Qui me rapproche de mon Dieu,
Et rédime mes faiblesses.
La vertu refleurit en mon sein,
Le courage me remet en chemin.
J'ai vu l'étoile des aïeux.
Noël ! Noël ! Je la suivrai !
Noël ! Noël ! Je deviendrai
Un bon chrétien tout uniment,
Sans souci des hiboux d'église.
Gloire à Jésus et paix sur moi !
Noël ! Noël ! car un amour m'est né !

A MARIE

Mon art ne s'intimide pas
A célébrer votre adorable fils.
Et mes chants s'élèvent sans effort.
Pourquoi, ô madame la Vierge,
Ne puis-je trouver sur ma lyre,
Des accords assez purs et célestes,
Pour accompagner votre nom?
Pourquoi votre mystère
Échappe-t-il à l'art même pieux?
On dirait que les anges seuls
Se réservent de vous louer,
Et qu'ils repoussent, de leurs ailes,
L'hymne imparfait
A votre perfection voué.
Et que vous dire après
Cette parole de Gabriel,
Sinon la répéter.
« Je vous salue, Marie, pleine de grâce? »

SYMPOSION

« Ce que je sais, de l'amour, je l'ai appris
D'une certaine Diotima de Mantinée. »
Ainsi parle Socrate dans le *Symposion*,
Sublime leçon des arcanes célestes.
Bijou de pensée grecque, chef-d'œuvre de
    Platon.
Comment l'apprit Socrate ? en écoutant
Une femme plus que lui philosophe?
Non, il aima et fut aimé.
Sa nature se combina si bien
Avec la femme prédestinée,
Que parmi les baisers, soudain,
Un souffle surhumain passa.
Chaleur, lumière, verbe !
Le grand secret était connu enfin !
L'amour n'est pas un faiseur d'hommes.
C'est l'incarnation d'un idéal,
Par l'accouplement de deux âmes.
Cet idéal est le fils véritable,
Fils pieux, fils sublime, fils éternel,
Forme future seule céleste des amants.

ARS MAGNA

Il est un art mystérieux et adorable,
Dont les chefs-d'œuvre sont mortels.
Qui ne survit qu'en la mémoire
De l'artiste qui l'entreprit.
Nul maître au monde ne l'enseigne,
Aucun texte ne le décrit.
Il passe comme un oiseau dans la nue,
Il s'évapore à l'instar d'un arome,
Mais il renaît sans cesse et sans effort,
Toujours nouveau et magnifique.
Il naît toujours d'un double effort,
Il s'envole comme une musique.
Cet art prestigieux, est l'art de volupté,
Qui fait servir la chair, le bel outil,
A exalter et à essorer l'âme.
Nier le corps ou l'abîmer, ô niaiserie,
Le corps nous fut donné, moyen,
Pour toutes nos prouesses.
A nous d'en tirer les merveilles
Dont il est l'admirable instrument.

LE MIROIR

En ta possession, il y a trois prestiges
Non pareils, et pour moi propices.
Tes reins, ton ventre et ton sein.
J'ai la persuasion de les faire parler.
Non pas par le plaisir de la caresse,
Mais de leur découvrir un sens secret.
Et j'y vois des indices mystérieux.
Est-ce folie ou bien intuition?
Tes reins me ravissent, ils sont gais,
Graves aussi comme toute chair.
C'est là le paganisme de ton corps.
Ton ventre me dit des choses indicibles,
Qu'un jour je transcrirai et tu t'étonneras.
Ton ventre, ô mon aimée!
Cache plus d'un secret, c'est une florentine.
Ton sein est bien le sein d'Élisabeth.
Et je rêve de le chanter à ma gloire,
De façon chrétienne et barbare.
Laisse-moi le faire,
C'est mon grand vœu de chair.

MANIÈRE MICHELANGESQUE

L'art est une vision réalisée
Et l'œil du corps ne connaîtra jamais
Les modèles, la règle et l'harmonie.
Car cela ne fait point partie de la nature.
Mais, si l'amour nous unit à une âme
Éprise comme nous d'éternelle beauté,
En elle comme dans un divin miroir,
Les visions deviendront réelles.
Car le seigneur a des élus
Qui font d'amour leur vrai salut,
Au lieu de s'y déperdre.
Ceux-là lisent aux formes aimées
Le langage angélique, caché,
Et le corps nu qui offense le sol
Est un hymne saint et purifiant,
Qui dépasse la banale impression,
Et maintient sa vision, dans sa vue.

MANIÈRE DES TROUBADOURS

De beaux semblants et de blandices
Je n'ai cure, goût, ni souci,
La plus gente dame m'est laide,
Et son guerdon sans aucun prix,
Si son oreille elle tend à tout luth,
Et se mire, beauté banale, à tous regards.
La beauté de ma mie est d'être mienne.
Le reste ne chaut qu'après et de plus loin.
Mieux vaut régner baron sur la colline,
Que de servir en opulent vassal.
Ma dame est seule dans mon cœur,
Et seul je suis en le sien,
Et je ne chante que pour elle.
Me demander si jeune et belle,
Si blonde, ou châtaine, ou rousse,
C'est dire de fol et de nigaud.
En vous la disant mienne,
Je l'ai dite divine,
Et oncques n'en dirais oultre ou mieux.

SINCÉRITÉ

Mon désir de ton cœur m'acharne sur ton
  corps.
Je voudrais envahir, pénétrer,
Me fondre, et que le sang de l'un
Passât dans les veines de l'autre.
Que l'idée aussi immédiate,
Aux deux cervelles ensemble resplendît.
Je voudrais ne plus te distinguer de moi,
Et croire mirage notre dualité.
La chair est à la fois réalisatrice,
Du cœur, et barrière. On croit
Qu'à respirer le sein, on aspire du cœur.
Qu'à enlacer les bras,
On mêle mieux les âmes.
Se trompe-t-on, dis-moi, aimée ?
Et sur l'enclume de chair ne forge-t-on pas
Des joyaux de plaisir,
D'immortelles parures,
Aux heures du baiser ?

LE VERGER

Au verger de ton corps, terrestre paradis,
Fleurit le fameux fruit des Hespérides,
Qui éblouit les yeux et fait monter aux lèvres
Toute l'âme en tressaillement.
Ta peau de fleur si fine entoure de merveil-
  leux fruits.
Ta bouche est la grenade, tes joues sont des
  pêches.
Ta poitrine porte orgueilleusement
De douces poires, aux bouts de fraises.
Tes reins, comme des pommes rayonnent.
Et caché sous un buisson,
Invisible à tout œil profane,
Le fruit par excellence!

GANYMÈDE

Tu es belle à la façon de Ganymède,
Le nectar que tu verses découle
De tes yeux, de ta bouche, et ta grâce
Est une urne débordante toujours.
Quelle bénédiction du ciel que tu sois femme.
Car je t'aurais aimée au péril de mon âme.
Au mépris, ô blasphème, de l'enfer et du ciel.
J'eusse été puni affreusement.
Le Saint-Esprit est un terrible maître.
Car j'aurais provoqué ton vouloir.
Bénédiction du ciel que tu sois femme.
La volupté coupable serait-elle punie?
Est-ce un crime d'aimer l'être lui-même.
Au mépris de la forme prescrite?
Je le crois, mais je ne puis nier
L'immorale et claire évidence.
Pour effacer le souvenir d'Hébé,
O Ganymède, il suffit de te voir !

CONTRITION

Eh bien ! non, je blasphème mon cœur.
. Je t'eusse trop aimée pour la souillure,
Et l'horreur des vœux contre nature.
Honte de nous, et Sodome et Lesbos.
Non, ces évocations m'épouvantent,
Car je suis un croyant et un scient,
Et rien de beau n'est hors la norme.
Et la norme est formelle. Non, non,
Si tu avais été garçon, ô chère femme,
Je t'aurais chastement aimée,
Je n'aurais voulu que ton âme,
Et le règne de ton esprit.
Car enfin, si un génie fantasque ,
M'offrait toute ta vie, mais chaste,
Ou bien un temps de toute volupté.
Crois que, sans hésiter, je prendrais
La bonne part, l'essentielle.
Ce que je veux, c'est ta personne.
Et ta beauté, c'est ton manteau.

COLOMB

L'aventurier sublime, le grand Colomb,
Disait à la reine Isabelle :
« Un vaisseau, donnez-moi un vaisseau,
Et moi, je vous rendrai un monde. »
Sur la mer des effets et des causes,
Il est des nautes qui découvrent
De nouveaux caps de la pensée,
Parfois un hémisphère d'hypothèse ;
Mais il faut une nef à l'argonaute.
Ma caravelle, ô mienne, c'est ton cœur.
Par lui j'aborderai à la terre promise.
Sauf et vainqueur et selon Dieu.
Tu portes dans tes frêles mains
Toute ma destinée, ô femme.
Car je me crois vraiment prédestiné
A voir mon vœu tellement exaucé.
La véritable Isis, l'Immaculée Marie,
M'a donné le vaisseau en toi !
Je lui dois un monde de pensées.

PAIX

C'est ma main dans ta main,
Et mes yeux dans tes yeux,
Que je veux vivre.
Indifférent aux gens,
Oublieux du chemin,
Calmement ivre.
C'est les yeux dans ton cœur,
La joue contre ta joue,
Que je veux concevoir
L'œuvre de vrai savoir.
De forme pure,
Et de grande envergure.
C'est ma chair en ta chair
Et ta bouche en ma bouche
Que je veux exulter.
Ambition satisfaite,
Nudité comblée,
O volupté parfaite !

DIACONAT

Tu seras mon diacre aux messes de pensée.
Le désir fait grand bruit pendant l'absence,
Forme aiguë du regret et de l'espérance.
Il s'agite, il crie, et il rage.
Mais quand on est côte à côte,
On est heureux avec moins de matière,
Et l'essor de l'esprit remplit l'espace.
On rêve, on pense, et on s'aime en hauteur.
Je te mènerai sur les cimes,
Là où les muses voient les dieux.
Là où les anges se promènent.
Là où l'idée projette sa lumière.
Avant qu'elle descende en terre.
Tu suivras aux voyages dantesques,
Descente de l'enfer, montée au paradis.
Je ferai, ô ma sœur, de ton lit,
Un tremplin pour s'élancer,
Colombe, aigle, amour, pensée,
Vers les régions sereines de la nue.

L'ÉTUDIANT

Le pauvre étudiant n'a pas les trois ducats,
Que coûte le vieux livre ésotérique.
Mais le marchand est juif et il a accepté
Qu'on feuilletât une heure ou deux,
Pour cinq pistoles en bon argent.
L'amant de la Gnose lit vite et bien,
Mais l'in-folio a mille pages,
Il n'a pas le temps même
De toutes les tourner. Aux choses de l'amour
Semblable est l'aventure coutumière.
On a une heure ou deux pour parcourir
L'énorme in-folio du plaisir.
Heureux qui peuvent à loisir
Tourner une à une les feuilles,
Réfléchir, et relire, et noter.
Heureux qui ont l'aisance du baiser
Et ne sont pas réduits en affamés
A dévorer en ogres.

FÊTES

On aura, si tu veux, des fêtes
Pour tous les charmes de ton corps.
Et ce jour-là, la caresse devra
Se borner à l'appât éponyme.
Il y aura grande solennité,
Pour ton front et pour ta bouche,
Pour chaque détail de ton corps.
Mais on n'oubliera pas tes pieds,
Et lorsqu'ils posent sur ma main
Comme un joyau en son écrin;
Sur eux je promènerai mon regard extasié,
Comme un érotique pinceau.
Parfois je bornerai ma joie
A ton épaule ou à ton sein.
Ou de ma lèvre avide
Je marquerai aussi,
A mon usage,
Tout ton corps nu.

NOUVEL AN

Une nouvelle année commence
Minuit !
Partout se répand le silence.
La nuit
Est noire et le ciel sans étoiles,
Nul bruit
Que les douze coups fatidiques
Tintés
A quelque horloge de couvent.
Ma table
Est pleine de papiers, de livres,
Outils
De mon art difficile et haut.
En face
Un radieux portrait me regarde,
Ses yeux
Brillent comme des escarboucles.
Gemmes
Où rayonne la lumière de l'âme.
J'évoque, réfléchis, les précédents
Minuits.
Aucun à celui-ci ne semble.
Je renais

Par la vertu d'un ange brun
          Bénin,
Qui m'aime et qui dirige
          Mon destin.
Ce que je veux? Où je vais?
          Je le sais.
Le but de mon effort splendide,
          Je le vois.
C'est d'avoir l'esprit fécondé
          Par toi.
Car tu es l'apparition réelle
          Des rêves,
Que toujours j'avais faits
          O chère.
Et tu incarnes, corps et âme,
          Mon souhait.

———

REDITE

Au Gange, l'amour a pour symbole
Un perroquet ; car l'amour se répète
Et comment chercher encor
Lorsqu'on a tout trouvé ?
Et s'obstiner à des moindres paroles
Quand on sait la suprême ?
Comment donc varier ce mot,
Énigme à l'impossible commentaire.
Je t'aime, et puis quoi ? Rien.
Ni dans les cieux, ni sur la terre.
Ce fut le mot de Dieu de toute éternité.
Dieu s'aime : le monde est né
De cet amour du Seigneur pour lui-même.
La création n'a point d'autre mystère.
Un cinquième Évangile commencerait :
« Dans le principe Dieu s'aimait »,
Et son amour engendra l'harmonie.
D'elle est sortie la série sans borne.
Et l'homme est comme une caresse
De Dieu à son cœur absolu.

COMPLAISANCE

Sois impudique, noble dame.
Montre-moi tes trésors toi-même.
Offre donc au lieu que je prenne.
Sois agissante ; daigne provoquer.
Tends tes bras nus, et puis les courbe
Et les frôle à mon cou doucement.
Tends le jarret, lisse ta cuisse,
Et, te cambrant, éblouis-moi.
Montre en belle lumière
Tes reins splendides et enivrants.
Oh ! voir briller et frémir
Ta chair, ta noble chair,
M'emplir les yeux de toute cette splendeur.
Te voir t'accroupir puis te relever.
Danser le pas d'une noble mélopée.

ENFANTEMENT

O femme, tu seras la mère
De mes œuvres qui écloront,
A l'ombre de ton front,
Sous le rayon de tes yeux.
Je te sèmerai mes idées,
Comme un pollen céleste dans l'esprit.
Et tu porteras dans la tête
Comme un reflet de mon âme.
Et nous accoucherons ensemble.
Je dicterai, tu écriras.
Et puis tu débarbouilleras
Le cher enfant des vilenies.
Tu le poliras de ton attention,
Afin qu'il croisse sans tare.
O femme, tu seras la sœur
De mes rares pensées.
Et quand je serai las,
C'est toi qui les paîtras, ô bien-aimée !

ACROPOLE

Comme l'antiquité dans l'Acropole
Enfermait ses trésors et ses dieux ;
Comme l'Hébreu mettait sa foi
Dans l'arche où était le pacte de Dieu ;
Comme les fanatiques pour qui une amulette
Est le signe certain du bonheur ;
Comme le paysan superstitieux,
Comme le mage et le penseur,
Je fais de toi la citadelle sainte,
Le tabernacle de mes vœux.
L'Abraxas, le Telesme et le Pentacle
De mon destin et de ma vie.
Car je t'aime comme une fée,
Pour ta grâce bénigne et surhumaine,
Et mon cœur t'avoue à mon esprit
Comme l'être surnaturel,
Qui transmue le désir en paix,
La volupté en rite, l'amour
En vertu sublime et magnifique.

L'IMPONDÉRABLE

Ni les larmes, ni les caresses jaillies du cœur,
Ne sont perdues : on les revit plus tard.
Dons et promesses, réconforts et saluts,
Il n'est pas de tendresses vaines.
Et le baiser qui s'envole des bouches
Après avoir flotté dans l'air,
Vient au cœur se poser, oiseau de l'âme.
Il n'est pas de voluptés vaines,
Quand les choses entre elles s'appellent,
Et qu'un courant de désir les unit.
Je t'envoie répandu, encre fatale,
Le sang rouge de mon cœur qui pâme
Et que je verse avec solennité.
Et toi, lisant ces pages, tu me rendras,
Par la même voie idéale,
Étreinte pour étreinte, délices pour délices.
Car l'amour se rit des espaces,
Il est le vent que rien ne lasse,
Puis il descend et monte au ciel.
Il ira, messager, de mon cœur à ton cœur.

L'ABSENCE

Comme la fièvre, la distance
Exaspère les cœurs épris.
On tend les bras, on tend les lèvres.
On se tend tout entier à son rêve.
Les nerfs dépassent l'esprit,
Car l'hallucination nourrit
L'amour, ce roi des rêves.
On voit avec les yeux internes.
On touche en mode fluidique.
Et la vie passionnelle entretenue
Ainsi est moins souffrante.
Tous les rythmes de mon désir
Sont des inventions de mon cœur,
Pour conjurer la soif et la faim
De ta présence, de ton amour.

L'INTERMONDE

Au-delà de l'humaine portée,
Il est une zone éthérée, solitaire,
A mi-chemin de cette terre et de l'esprit ;
Là, les esprits peuvent descendre,
Là les hommes élus peuvent monter.
Entre le subtil et l'épais, c'est l'intermonde,
Séjour vermeil où se font les échanges,
Entre démons humains et anges,
Vaste frontière entre le temps et l'éternité.
C'est là que les idées immortelles
Se laissent voir, et nous confèrent
Les armes à porter en hérauts.
C'est là que sont bénies les unions mystiques
Entre les voyants et la lumière.
Entre les grands artistes et l'archétype.
Entre la charité et les grands cœurs.
C'est là que je ferai bénir
L'échange radieux de nos âmes.
Car, je suis haut dans ce domaine,
Autant qu'humilié et bas en terre.

PRŒMIUM

Veux-tu, après l'étude et la pensée,
Lorsque je t'aurai dit de nobles choses,
Me faire un curieux plaisir ?
Lorsque j'aurai, mâle intellectuel,
Érigé quelque éros de l'esprit,
Et que je solliciterai tes largesses,
Veux-tu me rendre douce
La récompense de ta chair ?
Comme tes bras sont fins et souples,
Le bel arc de l'épaule à la croupe,
Et ce coude posé sur le genoux,
Ce pied replié et ces seins !
Oh, ta tête ainsi tendue,
Me fascine, et je crois
Que c'est mon cœur que tu regardes.
Te voir si belle et si nue,
Et penser que de tout ce rêve
Je ferai mon plaisir.
Mais que l'âme est cent fois plus belle.
Qu'elle a pour s'élever
De larges ailes au vol sûr,
Et que l'esprit vaut l'âme.
Le philosophe a trouvé son disciple,
L'homme sa maîtresse,
Bénédiction de Dieu !

LA GARDE DU CŒUR

Je vais donc un moment cesser
L'évocation délicieuse de ta beauté.
A l'œuvre de la vie, je retourne
Après ces songes d'empyrée.
Qu'ils soient pour toi comme un écran
Entre ton cœur et la vie rude.
J'ai ciselé aux coups de mon désir
Un bouclier, pour te défendre
Du doute, de l'ennui, des méchants.
Sois donc victorieuse et sans effort.
Que mon amour te garde comme une épée
A poignée crucifère et velinique,
Car le pouvoir du templier invisible
Cependant existe, et sans cesser,
A travers la routine des âges,
De prétendre au saint idéal
Que seul il voit en son essence,
Il peut par le don de son cœur
Armer sa bien-aimée, sa Clorinde,
Et lui ouvrir le temple du bonheur !

———

L'ANNÉE COMMENCE

L'année finit, aimée, à cette page.
Mais la Noël commence un cycle
D'amour, et sans borne et sans fond,
Sans mesure, sans réserve, sans nom.
Une sereine frénésie, une ardeur entêtée.
Feu ardent que rien n'éteindra.
Lumière de toute notre vie.
Il fallait que nos cœurs, en un déchirement,
Se vissent effrayants de profondeur,
Et s'affrontassent, abîme l'un de l'autre,
Double torrent mêlant leurs ondes,
Pour courir la destinée géante
D'un fleuve calme et fort, — le Rhône,
A nos baisers, nos serments.
Et le Rhône nous aime, il nous verra
Heureux, unis, triomphants.
Le destin conjuré devient nôtre.
Les monstres vont bientôt gémir
Sous l'épée de nos frères les anges.
Et notre peine, amante, va finir.
L'année, ô sœur, commence !

LES TROIS AILES

Ce livre est le miroir ardent,
Où s'est condensée la chaleur
De mon triple désir vers toi.

Trois passions s'y croisent.
L'une de l'âme et tendre,
L'autre sereine et de l'esprit,
La dernière toute ardeur !

Égales et sincères, belles,
Elles t'apparaîtront, t'interrogeant :
Car ce sera réel et vécu
Je n'y changerai rien.

Vois bien si tu hésites
Au triple pacte qui nous unit,
Par les ailes de notre esprit,
Par les fibres de notre cœur,
Par le feu de notre chair.

VŒU

Réfléchis, l'heure est grave.
Ne suppose pas que j'exagère,
Ou bien qu'en artiste je farde
La singulière vérité !
Ceci est le tableau magique
De l'avenir que j'ai conçu,
Ce qui est dit sera !
Réfléchis : ce n'est pas un projet,
C'est une volonté certaine.
Ne pense pas que je faiblisse
A ce programme étrange,
Ni que l'on puisse mitiger
Un vœu ou d'ange ou de démon.
Épouse tout entier et sans réserve
Jusque dans ses furies,
Celui qui voit en toi, ô femme,
Et le grand œuvre de son cœur,
Et le port où s'arrête sa vie,
Pour prier, œuvrer, et vivre
Selon les seules lois du Saint-Esprit.

———————

TU SERAS

Tu seras ma sœur à l'église,
Et mon ami dans le chemin ;
Mon élève dans la magie,
Et pour l'œuvre, un bon frère !
Nous prierons fervents et tranquilles,
Nous irons la main dans la main ;
Tu seras mon diacre aux mystères,
Aux chefs-d'œuvre, mon page d'art !
Tu te croiras la sœur d'un moine,
Et le jongleur d'un troubadour ;
Le souffleur d'un alchimiste,
Le criato d'un maître florentin.
Nous vivrons familiers aux anges,
Le cœur l'un vers l'autre tourné ;
Notre esprit, orné de secrets,
Sera fécond en belles œuvres.

SACRA RELIGIO

Dévotion, intimité, magie,
Admiration et création,
Ce sont les rites, les Sacrements
De la religion nôtre.
Amour, est son nom prodigieux.
Amour, sainte science et suprême.
Et sa langue la volupté.
Et tous les arts d'icelle.
Là, tu seras épouse devant Dieu,
Compagne en toute voie,
Et magesse et prêtresse,
Aux secrets du bonheur.
Nous jouirons, lascifs et doux,
Nos deux cœurs accouplés,
Et nous épuiserons en nous
Toute la vibration possible.
Ardents et subtils,
Nous nous ferons joyeux et hauts,
Par la vertu de l'unité,
En nous deux opérée.

Ainsi soit-il !

EXCLUSIVISME

Comprends-moi, bien-aimée.
Je veux borner ma vie entre le ciel et toi.
Passer sans que nul intervienne,
De la conception aux voluptés,
De la chair à mon œuvre,
Créer, jouir, dormir et dédaigner.
Car que veux-tu que vaille
Ou ma pensée ou ta caresse !
Et quand j'aurai écrit, que faire
Sinon de baiser ton cœur !
Tu seras mon ami, ainsi que ma maîtresse,
Mon confident et mon épouse aussi.
Je ne veux pas d'indifférents qui traînent
Leur niaiserie autour de nous.
Je ne veux rien que toi, mais toute,
Car tu dois remplacer : amis, monde,
Et tout le vain commerce humain.
Tu vivras une vie de retraite,
Pleine de volupté, d'art et de piété.
Mais une vie de côte à côte,
De face à face, et l'un à l'autre.

UNIQUEMENT

Le sort que je vous offre, madame, est singulier
Et ne ressemble à aucun autre.
Je prends un frère, non une femme.
Vous mènerez ma vie, et non la vie ;
Je me retire en vous, dépris de toute chose,
Sauf du ciel, de l'étude et de l'art.
Vous êtes ma limite et ma prison.
Et je ne veux, en rien, sortir de vous.
Vous êtes ma chatte merveilleuse,
Toujours la ronronnante, j'espère.
Pendant l'œuvre et la méditation
Vous incarnez tout le plaisir pour moi.
J'irai, et je viendrai de votre cœur à l'œuvre.
Fécond selon l'esprit, lascif selon la chair.
Je ne veux point d'amis, vous l'êtes.
Je me moque du monde, de ses fêtes.
Je veux vivre une vie hermétique,
Et passer des années entières
A n'entendre que votre voix.

LOIN DU MONDE

Ce n'est pas un projet, mais une volonté.
Vous aimez le couvent, vous l'aurez
Avec moi pour collègue et prêtre.
Nous sortirons pour la lune, le jour
Pour le soleil, la verdure, le fleuve.
Nous irons là où l'art officiera,
Sans nous mêler aux gens.
Comment aller dans le monde, le soir,
Puisque d'amour vous serez bien pourvue,
Et moi je n'aurai faim qu'à vous.
Je me fixe aux seins que vous avez.
Qu'irai-je en voir rondir d'autres.
Si on est las, on dort ensemble,
Si dispos, on contrepointe la caresse.
Mieux me parle votre cœur,
Que les bouches en cœur des duchesses.
Je vous ferai de l'esprit, et du trait,
Si vous avez ce goût, madame.
Donc, sauf pour les chefs-d'œuvre,
Nous serons jalousement chez nous.

POSSESSIVEMENT

Et puis vous dormirez beaucoup.
La caresse est un archet
Qui lasse un peu, tout en charmant.
Vous aimerez la maison et sa paix.
Je vous ferai la cour en tous styles,
Troubadour, mousquetaire ou marquis.
En ton de madrigal, ou bien d'idylle,
Nous jouerons aux amants parés.
Pour en venir toujours
A ce qui est la vérité.
Le bonheur fut toujours tout nu,
De l'esprit, de l'âme et de tout.

PURIFICATION

Quoique tu sois de la plus vieille race,
Une rouge, et non une blanche d'Égypte.
Que ton corps est gravé aux pylones,
Je veux te voir aux poses italiques.
Car la tête du Dante ressemble
Aux grands taureaux ; et Sirtella
Fut la vraie ancêtre de Florence.
Je veux te voir aux manières toscanes.
Car les vieux maîtres, du Giotto à Vinci,
Mirent tout leur désir au réel,
Et n'ont pas dit leur volupté.
Ainsi je serai pur au jour béni
Où je paîtrai la joie par tout ton corps.
Mon art sera chaste et très chrétien
Par la vertu de ta noble caresse.
Office d'amour, office de bonheur,
La volupté permet le grand essor,
Et les désirs bleus et suprêmes.
L'Italie a gardé le secret de la joie,
Mais il se cache au duvet de ta peau ;
Aux lignes pures de ton corps,
Je saurai lire et m'enivrer.

PLASTIQUE

Je voudrais exprimer ta forme par des mots.
Modeler en écrivant comme un sculpteur,
Au méplat, à la ligne, au contour,
Aplatir le ton vrai, la note juste et nette.
Je voudrais, comme le joaillier
Sertit en or la gemme rare,
Enchâsser, en des mots ciselés,
Les accents de ta beauté claire.
Quels mots en bracelets enrouler
A tes bras mystiques, et comment
Célébrer la pudeur de ton sein,
La rhétorique large de tes reins,
La netteté du ventre énigmatique,
Et le galbe des jambes de chérubin.
Tout ce qui, délicat ou subtil,
Fait de ta forme une monstrance,
A la fois diabolique et sacrée.
Et qui damnerait un pervers,
Mais qui me fait prier, fervent !
Car le vélin, les émaux, les fermoirs,
La pourpre, et les miniatures,
Ne sont que la vêture et le dehors
De ta personne suave et fatidique.

TON CŒUR

J'ai des palais de joie en tout ton corps,
Et mon désir hésite entre ces trésors.
Le lent geste de ta main
A la caresse douce et chaude.
Ta belle bouche au pur carmin,
Et la rondeur de tes flancs,
La grâce de tes petits seins,
La courbe de ta croupe sereine,
Ton aisselle et tout ton corps
Forme un immense reposoir,
Aux rites de la joie aimante.
Mais ton cœur est le plus beau,
Plus vif et plus parfait.
C'est lui qui distribue sa grâce,
Et qui reprend sa flamme,
Et transfigure, et transmue,
Et subtilise, et sublimise,
Sensation, sentiment, vie entière,
Par un miracle de lumière,
Où Marie serait sœur d'Apollon.

RITE D'ADMIRATION

Dans la rue froide, les chats miaulent.
On entend par moments des cloches,
Les passants déjà se font rares.
La lune luit, et l'air est sec.
Je pense à l'avenir promis,
Et aux bonnes soirées tête à tête,
Avec des photographies de maîtres
Et des textes mystérieux.
Tous les deux à la même page,
Le regard et l'esprit fixé
Sur la même merveille,
Le corps et le moral penchés,
Nous communierons, bien-aimée,
Sous les espèces vraiment saintes
De la gnose et de la beauté.
Et les vieux maîtres de leur ciel
Seront tout attendris par ces amants,
Qui mettent leurs deux cœurs
A les aimer, à les comprendre.
Et nous serons bénis des dieux
En nos rites d'admiration.

VOCATION

Sentez-vous bien la véritable vocation
De la nonnaine parfaite en son amour,
Et qui n'a joie qu'à son époux ?
Sentez-vous bien le saint enthousiasme
Du poète qui porte en son sein
Un monde de formes et d'images ?
Sentez-vous bien l'obstination sublime
De l'alchimiste à son fourneau,
Qui rôde autour du grand œuvre ?
Sentez-vous simplement que le bonheur
Est fait de vous et de moi ensemble
Et que notre réalité en son essor
Défie les plus grands rêves ?
Le sentez-vous ? alors bénissez Dieu.
Comme je le fais en ma prière.
Le bonheur me rendra pieux,
Car quand le ciel est pur
Et que le soleil brille,
L'homme sent mieux en lui
La présence indicible de Dieu.

IRONIE

La théorie doit précéder l'exemple.
Avant que d'égrener ce collier érotique,
O mienne, comprends en esprit
Bizarre, mais d'une ardeur si folle
Au sens de la raison des niais,
La bouche parle et mange,
Le sein hors de l'allaitement
N'a point d'emploi logique.
La volupté n'intéresse
Que quelques centimètres
De nos corps misérables.
Le reste est de l'aberration.
Que fait cet homme vraiment étrange,
A vouloir changer le rôle
De tous les membres d'un corps.
La raison le condamne, sévère,
Et la pudeur voile ses traits,
Mais l'amour s'ébat libre et fécond.

LA FUGUE

La fugue est comme un mot
Qui changerait de verbe et d'épithète.
Tantôt superlatif, tantôt atténué.
Toujours le même, mais différencié.
Caméléon sonore, prisme musical ;
Navette qui se joue dans la trame,
Trilles d'oiseaux, et sauts de poissons,
Danse ophidienne, ou jeu des vagues,
Mon désir, ô ma belle amoureuse,
Serait heureux de ta seule présence,
Et s'épanouirait en un regard.
Mais en amour soyons artistes
Et laisse-moi te caresser diversement.
Pourquoi donc se borner
Et fuir la diversité éloquente,
Et ne s'aimer qu'en un seul mode ?
Suppose que nous sommes des ingénus,
Des ignorants, mais des lyriques,
Et que nous inventons, joyeux,
Tout l'art d'aimer et ses rubriques.

ITALIE

Quand je dus, pour la première fois,
Partir pour l'Italie, ce paradis de l'art,
Je passai deux longs mois à écrire
La liste bien choisie des chefs-d'œuvre à voir.
Rome, c'est Raphaël et Michel-Ange.
Sixtine, Farnésine, loges, chambres.
Florence, le chœur entier des primitifs.
A Sienne, le Sodome, et le Corrège à Parme.
Signorelli à Orviéto, Giotto à Assise.
Mantegna à Padoue, Léonard à Milan.
Luini à Saronno, Palladio à Vicence.
Titien et Carpaccio et Belin à Venise.
Les temples à Partum, à Naples les antiques.
Les Van Dyck de Gênes, le Lippi à Spolète.
A Pise l'Orcagna et Gozzoli.
Ton corps est comme une Italie de volupté
Et à l'avance il m'est doux d'évoquer
Tes chefs-d'œuvre, et de me préparer
A l'admiration ardente et enflammée.

PROFILS

Ton petit sein se détachant en sombre
Sur un fond éclairé de fenêtre,
Que donne-t-il en son joli profil ?
Tes reins si ronds, voluptueux,
Ta jeune et ferme croupe,
Quelle ombre feront-ils, au mur
De la chambre aux ébats d'amour ?
Le geste de ton bras est fatidique,
Et celui de ta jambe a la saveur
D'un des pages quattrocentistes.
Ta tête têtue et inspirée
S'inscrit avec l'air de médaille.
Profil dominateur et doux
De sublime maîtresse,
De chevalier, de page, ou d'altesse,
De mignon des Valois, ou d'éphèbe
Au temps de Périclès semblable.
Mélange d'Alcibiade et d'Aspasie,
D'enfant de chœur et de princesse.

SYMPHONIE

Dans la symphonie amoureuse
Je veux entendre tous les timbres
Que la nature a cachés en ton corps.
Je veux aussi te donner à porter
Dans le giron de ta belle pensée
Mes rêves, mes symboles.
Tu berceras mes nouveau-nés,
Tu allaiteras mes naissantes pensées.
Tu seras mère et sœur aux œuvres :
Mère pour l'éclosion,
Et sœur à la naissance,
O ma couveuse de beauté.
Car c'est là le secret de Platon :
Le mystère des initiations
De s'enfanter soi-même
Et de naître dans l'amour,
Plus subtil et plus beau,
Et d'être son fruit à soi-même,
Un mage seul le conçoit.
Un mage seul y aide.

PRÉMÉDITATION

Comme le feu jaillit sous le fer de Wotan,
Langues ignées partout surgissantes,
La joie jaillira de tout ton corps
Sous ma caresse vive ou lente.
J'ai trouvé bien des variantes
Au thême simple des profanes,
Et nous chanterons des antiennes
Que le commun ne connaît pas.
Mais l'art d'amour subtil et pur
Ne s'improvise sans effort.
Il faut rêver longtemps
Pour créer un nouvel accord.
Or, je veux, j'y mets ma fierté.
Épuiser et monter à son comble
Le contrepoint vibrant et sûr,
Qui étonne en charmant,
Et divers et changeant
Change, modifie, renouvelle
L'élyséenne ardeur.

LES CHAINES

Je baiserai chaque ongle de tes doigts.
Ta corne est de nacre rose.
Tu les feras courir sur moi,
Tu les mettras dans mes cheveux,
Puis ils m'enserreront le cou
En s'étalant sur ma poitrine.
Minuit, tu défais tes cheveux,
C'est déjà le repos, bientôt le rêve.
La vie se tait, écoute l'espérance.
Évoque ton amant, ton frère, époux.
Tends-lui tes bras, si fins, si hiératiques.
A l'épaule si ronde, au poignet enfantin.
Montre leur galbe, montre les veines,
Agite-les ainsi que des guirlandes.
Et, les coudant, encouronne ma tête.
Ensuite fais-m'en un doux collier,
Ou bien qu'ils glissent en couleuvres,
Qu'ils ceinturent, qu'ils étreignent,
Qu'ils courent sur moi en serpents.
Chaînes douces et fortes
De plaisir, de force invincible.

TOUT EN TOI

Je veux que tout en toi donne et reçoive
Une profonde et vive joie.
Et ne rien oublier en ton corps précieux.
Et que tout soit caresse et caresse.
A tes mollets j'amuserai mes mains d'artiste
Comme au renflement des balustres,
D'un bois clair et sculpté.
Ainsi dans mon ennui je rêve,
Comme Vasco de Gama, en prison,
Se consolait en regardant ses cartes
Et devinait toute sa découverte,
Ainsi je songe à mille choses
Toutes suaves à mon désir,
Et qui bourdonnent autour de ta beauté,
Comme un essaim d'abeilles près des roses.

LA LUMIÈRE ÉPRISE...

Tu t'assiéras, dans la lumière,
Sur un tabouret sans dossier.
De ta nuque à tes reins,
Je veux voir le rayon lunaire
Nacrer ton dos et y courir
Comme une lumière féerique.
La lune éprise comme moi,
Promènera sur toi
Un complaisant sourire.
Car ton dos, ce poème nerveux,
Est érotique de la taille aux cheveux,
Comme le dos d'une pucelle
Encore toute fermée, en bouton.
Et qui n'a de la femme
Que le rêve et la promesse.

OMNIA TUA

Tes pieds sont très anciens et très lointains.
Ils témoignent du sang d'où tu viens.
Sang rouge des Atlantes et des Égyptes.
Ils ont une beauté de main.
Aussi une dextérité semblable.
Il me plaira de te faire tapis
De mon cœur étendu devant toi,
Afin que doucement tu me piétines.
Car tout en toi est charme
Et tu as tous les sexes.
De là naissent tous les désirs.
Disparates, bénins ou pervers.
Mais faut-il que je me taise.
Sincère en ma luxure, je ne te cache rien.
C'est la fatalité de la tendresse.
Le bien et le mal — en moi — tout est tien.

AUTOUR DE TOI

Tes coudes nus, je les veux voir
Appuyés sur la page ancienne.
Et puis des taches d'encre sur tes bras,
Tatouage d'épouse mienne.
Je veux, je veux, je te veux toi.
Et mon désir tourne et vire
Autour de ton corps charmant,
Comme un loup très avide,
Mais qui a, devant lui,
Toute la pâture de sa vie,
Qui songe en combien de mets
Il fera son festin perpétuel,
Avec la même chair subtile.
Et j'ai comme un bizarre sentiment
Qu'il est artiste et précieux,
De trouver tant de variété
Au thème simple pour tous,
Pour moi, inépuisable, immense.

SÉPARATION

On dirait que le sort
A voulu nous épurer,
Nous séparant au plus vif
De nos éternelles tendresses,
Et qu'il s'est plu, ce bourreau,
A dénouer l'embrassement
A l'instant délicieux.
Mais qui ne peut rien
Contre le cœur orienté,
A son cœur de frère ;
On le perce, et il saigne,
On le tord, et il crie.
Son battement lutte contre la vie.
Et sa constance éclate.
Moins de bonheur
Ce n'est pas moins d'amour.
Et l'absence éclaire notre cœur,
Et donne le vrai prix à la présence.

RONSARD, POÈTE DE CŒUR

Je lisais Ronsard l'autre jour.
Ce fut un poète de cœur,
Mais un fervent de volupté.
Et ses chansons sont vives,
Comme un désir païen
Compliqué de modernisme.
Il a dit les acuités
Du baiser à lèvres ouvertes,
Des langues en tournoi,
Et la douceur de la salive.
Il eût sans doute compris
Mon désir barbare,
Mon signe certain
De profonde luxure,
Comme scel sur ton cœur,
Longuement imprimé.
Marque d'amour,
A caresses forgée
En la matière aimée.

COMME LES ANGES,
COMME LES BÊTES

Il faut s'aimer comme les anges,
Pour s'élever en mutuel accord,
Et se vouloir parfaits
Pour le bonheur durable.
Il faut s'aimer comme les bêtes,
Pour se donner en mutuelle joie
Les ivresses de la jungle primaire,
Et l'enivrement initial.
Ange du cœur et de l'esprit,
Animal bon et ingénu,
Sont des combinaisons possibles,
Mais rien comme les hommes.
Voilà notre devise.
Car leur volupté sans grandeur,
Et leur vertu sans ailes,
Ne convient pas à nos natures
Faites de rêve et de délire,
Et qui peuvent, sans s'enliser,
Jouer avec le monstre charnel
Et ne l'avoir que pour lui commander
Comme à un docile hippogriffe.

MAGIE BLEUE

Sais-tu pourquoi la volupté
A soulevé tant d'anathèmes,
Et mérité le double dam
Du prêtre et souvent du poète ?
C'est qu'elle est un mystère
Ainsi que la magie.
Et pour y prendre avec les droits,
Il faut être un élu.
Elle est vertige et perdition
Pour le commun mortel.
Elle est sérénité et vision,
Pour le myste et l'adepte.
Il faut la tempérer avec de l'idéal,
Et que l'esprit fasse équilibre.
Il faut un unisson parfait,
Pour cette vivante musique.
Et les anciens pour ce disaient :
« Ne va pas à Corinthe qui croit. »
La volupté, ô sœur, est un sommet.

CHANAAN

Quand le revoir viendra, le vrai revoir,
Où nos yeux pourront ne pas se détourner,
Nos mains rester longtemps unies,
Que nous écouterons nos cœurs
Battre l'un vers l'autre d'élan,
Et que l'heure ne pourra plus,
En s'écoulant, nous éloigner,
Nous éprouverons cette paix
Des Jasons abordant en Colchide,
Et des justes au Paradis.
Car le malheur, alors, ne viendra plus
Que pour se voir chassé soudain
Sans avoir ébauché son dessein.
Nous serons les amis des anges.
Le bonheur est une vertu
Quand il prend son témoin en Dieu.
Et si le fruit dit l'arbre.
Et l'œuvre fière, son auteur.
Notre amour fera sa preuve.
En nous hissant à notre zone vraie,
Où se meuvent douces et enflammées
En un seul chœur, caresses et idées.

LE BONHEUR EST EN NOUS

L'absence c'est d'être loin de soi,
Et comme privé de son être,
De ne plus retrouver sa voix,
De se chercher comme perdu.
L'absence, est comme un trou
Dedans la destinée.
Tout s'arrête et attend.
On ne vit qu'en demain.
Aujourd'hui est atroce.
Mais peut-être l'amour
Est semblable aux épées,
Et l'eau des larmes est nécessaire
A rendre un amour ardent,
Ainsi immarcessible;
Croyons-le et résignons-nous :
Le bonheur peut tarder
Mais l'amour est en nous.
Et même pour mourir
Il serait encor doux,
De voir qu'on est tout
Pour celle que l'on aime.

CUPIDON

Un petit Italien, dans la rue.
Portait un Cupidon de plâtre.
Joufflu, dodu, fessu, et laid,
Comme un jouet de paysan.
Ce marmot ridicule riait,
Tenant arc et sagette
Avec un geste de poupon
Et un sourire de grisette.
Et je pensai, voilà l'image
Que le vulgaire a consacrée
Pour incarner l'effroi,
Et l'horreur hiératique
De ce démon puissant,
Qui donne vie ou mort
Empyrée ou Géhenne
Et fait nos jours à son gré
Sereins ou mornes.
Eh bien! l'âme commune
Enfante son image.
En elle le mystère se résout
A la grimace, à Cupidon.

MON AMOUR

Le grand amour qui brûle en moi,
N'a point de digne image.
Il est sévère, et beau, et ange.
Intense, avide, et démon.
Sa vertu, c'est son feu
Qui sans cesse dévore,
Tout ce qui pousse autour.
Herbe folle brûlée
Par l'éclat du soleil.
Sa force et sa constance,
Qui défie le temps et la mort,
Et pousse son dessein
Par delà cette terre.
Sa raison, c'est sa joie
Sans bornes, immense, claire.
Sa joie d'être, sa joie d'éternité,
Qui donne à douter,
Lui qui ne peut finir,
S'il s'est vu commencer !

FOI

La Belle au bois dormant
Sous ses courtines blanches,
Est étendue rose et riante,
A ses rêves de Paradis.
Dans le silence séculaire
On n'entend que son souffle lent,
Et le vol lourd d'une mouche
Qui se heurte aux vitraux.
Un cor a retenti,
Qui donc approche?
Et le bois enchanté
Frémit de l'herbe au faîte.
L'arbre s'agite et devient fée,
La broussaille se hérisse,
Et les branches se nouent.
On n'entend plus le cor;
Une voix claire et forte,
Commande sans éclat.
Sylvains, Dryades, vous,
Génies de la forêt,
Obéissez au signe!

LÉGENDE

Reconnaissez en moi
Le maître qui revient.
Et la forêt murmure
Et puis bientôt se tait.

La botte éperonnée
Sonne au pavé de marbre.
Et dans la chambre virginale
Un cavalier paraît.

Il n'a ni épée ni cuirasse,
Une baguette seule en main.
Mais sur sa face luit
La clarté du magique dessein.

Il ne s'étonne pas, il s'extasie.
Il connaissait la belle
Pour l'avoir évoquée,
En son subtil esprit.

Et son baiser se pose
Sur les lèvres fermées
Qui s'ouvrent en corolles,
Tout à coup ranimées.

MOT ABSOLU.

Toi ! c'est la seule syllabe.
Et le reste est baisers.
Toi ! c'est le cri de chacun.
Toi ! ô mot talismanique
Qui contient l'univers,
Le rêve et le réel.
Toi ! appellation exquise,
Vraie synthèse du cœur.
On peut tout dire avant,
Mais après qu'ajouter?
Dieu est lui ! dit le Mage.
Et l'amant à sa reine
Dit seulement aussi :
Tu es toi ! et c'est beau,
Beau même devant les anges.
Car toi englobe tout,
Les prestiges et les gangues.
Les vertus, les défauts.
Quand le fils de Gaïa,
Sur l'autel olympien,
Saisit de ses mains
Le feu créateur et divin:
Il ne choisit et ne tria

La flamme de la cendre.
Il emporta le divin élément,
Chaleur et scories ensemble.
Ainsi le grand amour
Aime tout dans l'aimée.
Il n'énumère pas, disant :
Ta bonté, ta beauté,
Ta douceur ou ta force,
Il dit toi ! rien que toi !
Aimant tout sans choisir.
Et même s'il en doit souffrir.
Ne voulant rien changer,
A l'idole choisie.
Et c'est par la vertu
De ce mot absolu,
Que le mage vainqueur
Après avoir vaincu
Les génies fantastiques,
Réveilla d'un baiser
La belle au bois dormant,
Sous ses courtines blanches,
Qui attendait en son sommeil
Le toi splendide du réveil,
Le toi béatifique.

MÉTAMORPHOSES

Tu es vaillant, mon Androgyne,
Tu veux, tu œuvres, tu conçois.
Ton cœur, si plein de charmes,
Paraît viril aux entreprises.
Ta fine main m'a caressé,
Mais aussi elle m'a aidé.
Ta main, de frère chevalier,
Ta main de noble ami.
Notre bonheur sera ton œuvre.
Là où les autres n'ont qu'un désir,
Et ne donnent que des plaisirs,
Aimant et délectable.
Tu as travaillé en héros.
Aux tranchées, aux remparts,
Et mêlé avec un bel art,
Le dévouement à la tendresse.
Et je jouis de ta propre vigueur,
Et je me targue de tes prouesses.
Qu'importe quel est le vainqueur,
Quand la victoire a même issue,
Par une splendide harmonie.
Quand j'étais femme et énervée,
Tu fus patiente et virile,

Quand mon âme faiblit,
La tienne, ô aimée, se dressa.
Bons chevaliers à la même bretèche,
Quand l'un se fatigue et s'affaisse,
L'autre veille et saisit l'épée.
Ainsi, nous sommes toujours forts,
Ainsi, nous sommes toujours sages,
Et toujours nous serons heureux.
Car à chacun l'autre s'ajoute,
Incessant et tendre complément.
Conçois-tu un plus noble échange?
Un meilleur gage d'avenir
Que cette faculté sublime
De s'emprunter sans cesse
Des vertus, des joies, de la clarté?
Comment Dieu ne sourirait-il pas
A ce zèle d'amour, si tendre?
Ce que je n'aurai pas, tu l'as
Et ce que j'ai, tu peux le prendre.

MA FORCE

Un soir, ou plutôt un matin.
J'aimais jadis, en noctambule,
A disserter aux rues nocturnes,
A l'heure des amours félins.
Je voudrais, disais-je rêveur,
Retendre l'arc d'Ulysse,
Redresser le chariot de Thespis,
Et faire l'Euménide hurler.
Qu'est-il d'inachevé à l'œuvre titanesque ?
Quel bloc brisé puis-je restituer ?
On prononça ce nom de Prométhée,
Un hasard de discours, et l'œuvre
Comme une étoile scintilla.
Lorsque j'aurai mon compagnon suprême,
Mon reflet, mon écho, ma moitié.
Quelle fécondité sera dès lors la mienne ?
Et, vois-tu, je sens que je t'aime
Pour tout ce qui naîtra de toi.
Non de ta chair, ni de mon sang,
Non de la volonté humaine,
Mais de ce Dieu caché qui parlera
Par ta grâce féconde, ô ma moitié.

COURONNE IMMARCESCIBLE

Je mettrai sur ta chère tête,
      Je te promets,
Une couronne durablement tressée
      Et par mon art,
Ton nom sera, pour les postérités,
      Une relique.
Car ce seront de vrais miracles,
      Sainte d'amour,
Que tu feras jaillir de ma pensée.
      Et tous mes jours
S'éclaireront de ton profond sourire,
      O ma Vinci !
Ou de ta beauté égyptienne,
      O ma Nephtys !
Tu as toutes les voix en ta voix seule,
      Et tous les dons,
De la volupté magnifique
      Fleurons mystiques,
Te font surnaturelle et hiératique
      Devant mes yeux.
De tous mes rêves sages ou fous
      Tu es le corps.

De tout mon désir, matière ou âme,
    Tu es le rêve.
Femme complète, et sûre, et fière,
    Incarne-moi.
Tu as cru, quand on aurait douté,
    Fidèle.
Et tu as espéré, malgré l'obstacle,
    Vaillante.
Et tu as su aimer malgré la vie,
    Héroïne.
Ton myrte est frère du laurier
    Mystique.
Tu fais l'œuvre de ton bonheur,
    Artiste.
Ta volupté a un goût d'empyrée,
    Et ton baiser
Me semble le baiser d'un esprit
    Bienheureux.

PAR TOI, LA LUMIÈRE

Je t'aime, comme j'eusse aimé
Quand j'étais pur et vierge,
Le joli compagnon qui m'eût juré
Sa foi de naïf et rêveur écolier.
A des moments, je ne sais plus
Ta beauté ni ton sexe.
Je ne vois rien que ton esprit
Au mien écho fidèle.
Lorsque la vie m'arrive
A travers ta personne,
Elle revêt un charme singulier
Que je n'exprime pas,
Car il est indicible et subtil.
Je peux crier, froncer le cil,
Enrager, et paraître ennuyé.
Ce n'est rien qu'extériorité
Au fond je suis heureux,
Parce que tu es là.
Et ta présence transfigure
La vie autour de moi,
Comme le vitrail colore la lumière.

FACE A FACE

A la terrasse d'un café,
Parmi le bruit, les gens, les mouches,
J'ai passé de bien doux moments,
Où je paraissais ennuyé.
Je mentais, tu étais en face.
C'est ainsi que je veux la vie.
En un éternel face à face.
Tu es tellement mon ami
Qu'en quittant la maîtresse,
Je me redonne au confident,
Et qu'après la douce confidence
Où le cœur librement s'épanche,
J'appelle mon disciple aimé
Pour lui redire mes systèmes.
Et ces trois êtres différents,
Maîtresse, ami, élève,
Répondent à tous les désirs
De l'humaine envergure.
Tu es triple, ô trois fois mienne.
Et triple est mon plaisir.

L'IMAGE MOBILE

Un cahier de fini, et des jours écoulés.
C'est plus d'espoir et de patience.
Je pousserai le temps traînard
Et doublerai, joyeux, les heures,
Pour abréger le douloureux exil.
Un temps viendra, si précieux
Que je le voudrais immobile
En des jours de cent et une heures,
En des nuits redoublées.
Car alors le sablier marquera
Une joie à chaque grain de sable.
Et ce sera du bonheur qui fuira,
Aujourd'hui c'est l'ennui qui passe.
Il passe et notre amour vermeil
Perce la nue amoncelée.
Il chauffe, il éclaire, il brille,
Vie, rayon, mirage, et beauté,
Aube de joie, aurore de génie.
Transfiguration soudaine de la vie.
Soleil victorieux de l'ombre.
Astre de nos cœurs,
L'amour puissant et vrai !

La pudeur est une noble dame,
Camerera-major de l'âme,
Qui n'est jamais trop raide et dure
Au devant des indifférents,
Elle est même la gardienne sûre
De tous les trésors de l'amour.
Mais quand l'époux est là,
Que la duègne s'écarte !
Le soir après dîner, et avant le coucher,
Tu mettras une robe empire,
Semblable à ce que tu portes.
Mais le bras nu, le dos nu,
La gorge libre et bougeante,
Ton sein sera tenu par un ruban,
Qui te fera taille haute et antique.
Moi je serai comme tu diras,
Mais je veux l'impression mondaine.
D'un très érotique apparat,
Et d'une obscénité hautaine.

PULCHRITUDO

Oh! la beauté de l'âme, qu'elle est rare!
Et combien de mes frères sublimes
L'ont vainement cherchée!
Beethoven a vécu seul
Sa géante mélancolie.
Et Balzac ne fut pas aimé.
Cependant c'est là le grand œuvre.
Sa possession angélique de l'âme,
Sans mesure, sans restriction,
L'amour est la synthèse ;
L'étude a pour objet
De le pénétrer en son essence,
L'art, de le figurer sublime.
La poésie ne connaît d'autre chant,
Et cependant, combien s'égarent
A la queste de leur saint Graal,
Et, comme Lancelot pour la reine Genièvre,
Oublient le vœu et la mission.
C'est que l'amour est l'union
Consciente, initiée, savante,
De deux âmes qui pensent
Une pensée d'éternité.

IL COMMODACCIO

Ce qu'il nous faut le plus, aimée,
C'est une pièce toujours chaude,
Où tu n'aies rien sous une robe sombre
Que ta peau délicieuse et tendre,
Que rien ainsi ne défendra
De ma caresse fantaisiste.
La beauté, comme la fleur rare,
A besoin des chaleurs de serre,
Pour librement s'épanouir.
Il faut une douce atmosphère
Pour que la peau rayonne à la joie.
Ni les époux ni les amants
N'ont la suprême connaissance
De la vraie volupté et des arts.
Car les uns ne sont pas lyriques,
Et les autres, toujours empêchés
Par la crainte, la hâte, et la faim.
Notre belle luxure, comme un grand papyrus,
Lentement se déroulera, lente,
Comme un vieux lexique chinois
Qui tient une lieue de papier.
Comme je suis le désordre incarné.
Et que tu as tout le génie contraire.

Je pense désordonner à mon gré
Pour te donner une belle carrière,
Je ne mets qu'une condition
C'est, c'est que tu seras nue.
Ainsi tu remettras les livres aux rayons,
Et toute chose en place.
Mon œil suivra tes mouvements,
Comme un miroir tout jouissant,
Je rêverai aux lignes de tes flancs,
A ton ventre effacé d'enfant,
A la finesse de ta jambe fine,
Et tu m'illustreras, ainsi,
Les thèmes anciens et classiques,
D'aspects ou rêveurs ou lubriques.
Et tu mettras un livre sous ton bras
Comme on voit chez Callot et Teniers,
La sorcière nue et son grimoire.
Mais je suis le seul diable
Que tu dois, ô mienne, évoquer.
Tu me feras des fêtes avec ton corps,
Tantôt chaste et tantôt impudique ;
Tu étaleras ta beauté dénudée,
Comme un paon fait sa roue.
Si tu es paresseuse, tu t'étendras,
Ou rêveuse, ou dormante,
Et ta peau éclairera la chambre.
Tu me feras des fêtes avec ton âme,
Recevant le reflet de ma pensée,
Le colorant de charme prismatique

Et l'affinant par ton contact.
Car telle est la fonction suprême
De l'amante auprès de l'aimé
D'incarner ses idées et d'être ainsi
Aimée par elles, en un inceste double.
Puisque ce sont des filles, de vraies filles,
Que prépare, que pare et livre,
La complicité d'une sœur.
Lorsque tu seras lasse et ne voudras
Que rêver au passé qui fut difficile,
Tu mettras ta main dans ma main,
Et ta tête sur mon épaule,
Et lors nous nous souviendrons
De l'exil, et de tes angoisses lentes,
Et puis nous bénirons Dieu
Qui nous fit triompher des méchants
Et nous permet d'anticiper
Par le bonheur sur l'empyrée.
Car avec toi tout est délice,
Rêve, et réalité, souvenir et espoir,
Mélancolie, et paillardise.
Quand nous serons heureux chez nous,
Je veux que tout te sente et t'ait touché.
Le matin quand tu t'éveilles chaude,
Je humerai le parfum de ton corps.
Tu aimes ton corps, admire mes trouvailles.
Je trouverai encor des réduits, des cachettes,
Des réserves, des trésors que tu ignores.
Tu ne sais pas, quand un vrai désir rôde,

Ce qu'il découvre et ce qu'il utilise,
Car le désir est lucide et malin,
Se glisse, s'ébat, furette
Partout, cherchant sa joie,
Et des bizarreries nouvelles.
Je te ferai aimer ton corps
En te détaillant ses merveilles.
Et je te les détaillerai toutes,
Des lèvres et de la voix enflammée,
Afin de parfumer ton corps :
C'est le pain que je mange.
Du déjeuner jusqu'aux cinq heures,
Je dicterai, tu écriras.
Nous serons de bons travailleurs,
Pour que l'œuvre soit puissante.
Ton esprit qui comprend et m'aime,
En mes grands desseins, m'aidera.
Tu es ma sœur aux intimités,
Et, aux complicités, mon frère.
Tu me dois ta docilité
A la doctrine comme au péché,
Au lit comme à la prière.
Car nous ferons tout à nous deux,
Plaisir, œuvre, et salut ;
Afin de nous réveiller un,
Après le grand sommeil.

DE LA CHAIR A LA CHAIR

Je veux que tu me baises, mon androgyne,
Non de tes lèvres seulement,
Mais que tout toi ait l'impression
D'être tout moi, de la chair à la chair.
Puisque je l'ai pensé, tout le tort est acquis.
Qu'importe de dire ou de faire.
Et puis tant pis, si tu rougis,
Je suis obscène ; tu n'as à faire
Qu'à m'exaucer docilement.
Et maintenant, laisse-moi te baiser sur le
    front,
En époux, en ami, en frère.
Le rite est accompli, et je t'attends
Heureux, s'il te plaisait, d'un seul doigt à
    baiser.

LES CHANTS DE FEU

Ton corps est une lyre : je suis le musicien
Qui connaît et chante en sept modes,
Hiératique à l'instar du passé,
Le Dorien, est le baiser du Dieu
Tel qu'on le voit au temple de Saïs,
Sous les traits d'Hammonera debout.
Le Phrygien, est le rite brutal.
Au Lydien, c'est la lyre qui se meut.
Et toi, et toi, ô Reine, que veux-tu?
Ma main tremble à ta robe
Et balbutie aux plis de ton manteau.
Oui, nous ne sommes qu'un.
Et je t'aime, bien hors du sexe,
D'un amour fol et bigarré.
Tous les péchés, j'entends les doux,
Sont, de ton col à ton genoux,
Offerts à ma gourmandise.
Tu es aussi riche en vertus,
Et l'âme gente autant que chair,
Et belle et avenante.
J'ai, en toi, le feu d'enfer
Et la clarté céleste.

NÉANT

Oh ! dormir avec toi !
Dormir comme on se baise.
Non pour se reposer le corps
Mais pour jouir
De la bonne torpeur,
De la douce chaleur,
De la chair moite.
Dormir, moi dans ton dos,
Ou ta tête posée
Sur ma poitrine.
Dormir nus et mêlés
Sans vrai sommeil,
En des joies de serpents.
Dont les nœuds oscillent,
Se relâchent, ou se resserrent.
Dormir comme on voudrait mourir.
Confondus dans l'étreinte mystique,
Où l'âme cherche, à tous les pores,
Une issue pour jaillir.

RÊVE

Les mauvais jours enfuis,
Comme elle sera belle,
Notre carrière ouverte !
O mon aimée, sois joyeuse,
Car c'est un beau dessein
De faire l'absolu
Par le baiser de l'âme,
Et de réaliser en terre
La vision des élus.
Les lyres inspirées
N'ont rien chanté
De plus splendide.
Et ce fut le désir ardent,
Des purs, des sublimes,
Leur espoir étoilé ;
Et nous bénis des anges
Nous aurons sans effort,
Le rêve le plus haut,
Aux heures les plus lentes.
Et l'idéal lyrique,
Comme pain quotidien.

PARS UNA

Je ne distingue pas, ô mienne,
Si ton charme inouï
Est fait de sens ou d'âme.
Et si c'est l'éclat de tes yeux
Qui m'éjouit ou me pâme,
Ou bien si je m'extasie
Devant ta splendeur d'âme,
Au plus vif du plaisir,
C'est mon cœur qui jouit.
Au plus haut des pensées,
C'est mon cœur qui s'excite.
Et je ne sais jamais, ô mie,
Distinguer en nos joies
La part de chair,
La part d'esprit.
Qu'importent les parties,
Et si la flûte, ou tel timbre,
Domine en un accord,
S'il est sublime ou vrai,
Qu'importe sa portée,
Et qu'importe son rythme !

L'UNION

Qui donc calomnia stupide
La vertu, sous des traits rigoureux.
Et vit, en vieille et dure duègne,
Cette fée radieuse et gaie
Du mariage, auguste et vrai.
Où deux âmes s'élancent,
Où deux esprits se mêlent,
Où deux corps s'électrisent.
Cette voie est la bienheureuse,
Fleurie de baisers sans nombre,
Et bordée de fruits savoureux.
Elle mène au salut, chérie,
Quoique sans ronces ni ornières,
Et Dieu nous l'a permise
Comme on confie un beau secret
A de sages enfants discrets.
Qui ne diront jamais au monde
Ni la grâce qui leur est faite,
Ni par quelle miséricorde,
Ils purent dès ici-bas
Passer la vie en paradis !

DEUX PIGEONS

J'ai relu cette fable étonnante
Les deux pigeons,
Au hasard d'un papier.
Et j'ai rêvé à notre tendre amour:
Crois-tu, après avoir souffert
Les affres de l'absence,
Que plus tard nous pourrons
Quelquefois nous quitter,
Et volontairement nous réveiller
Chacun dans un lieu différent,
Chacun privé des yeux de l'autre.
Soyons chacun, ô bien-aimée,
L'ombre, la vraie ombre, de l'autre.
Et que la vie s'écoule en unisson
De deux âmes, au même diapason.
Chantant toujours l'unique
Et ineffable antienne,
De l'amour véridique, et tel
Que ton cœur le contient,
Que moi, je le conçois.
L'âme a de durs moments,
Pleins d'ombre, pleins de cris,
De fantômes, de larves,

Tels que Poë en décrit.
On aspire à demain, à plus tard.
On donnerait des mois
Comme on jette un fardeau,
Tellement l'heure est morne,
Alors, comme un ivrogne
Qui cherche, dans l'alcool,
L'oubli du noir présent,
On se grise de rêves.
Ainsi le soir je m'enivre,
Solitaire et geignant,
De mille évocations de chair,
Qui soulagent mon âme
Et trompent la distance.

LE FLANC

Le flanc entre tous élu
Pour y mettre mon germe,
Maîtresse, c'est ton cœur;
Doux et fort, tendre et fier.

Mon germe n'est pas celui
De l'humaine nature,
Qui crée une figure
Semblable à tous.

Mon germe est celui
Du serpent qui tenta Ève,
Sous le feuillage défendu,
A l'aube de ce monde.

C'est un démon qui te requiert
Du doux merci d'amour,
Aussi malheureux que Satan
Et moins coupable.

Car ce démon adore Dieu,
Dévot à Madame Marie,
Et t'aime, toi enfin,
Pour ton angélicité.

ARS

O vous que mon orgueil a salués
    Ancêtres,
Du fond des temps évolués
    O maîtres.
Sur le fils qui s'est souvenu,
    Fidèle,
Et qui a fait le signe convenu,
    Le vrai.
A la face du monde stupide
    Et bas.
Voyez en moi votre victoire,
    Bénissez
L'effort de la sainte constance,
    Et voyez
Rouvre votre sang glorieux.
    Le cycle
Par moi se rouvre et recommence
    La vie.
Je t'ai vaincu par l'art sacré ;
    L'amour
Étend sur moi ses ailes blanches.
    Ancêtres,
Votre fils a conquis le bonheur :
    Exultez !

———————

CHEVALERIE GNOSTIQUE

Lorsque j'ai lu Musset, étant encore enfant,
Mon idéal était de chasteté et de gnose.
Mon premier rêve fut celui d'un chevalier.
J'ai vu le Graal à ce moment
Où l'on ne voit que la femme qui passe.
L'amour entêté, insensé, aveugle,
Pour une forme mal animée,
D'âme changeante et médiocre,
Me parut l'idéal des fous.
Aujourd'hui, après bien des femmes,
Je suis très amoureux de vous.
Mais vous n'êtes point une femme.
Et je suis beaucoup plus qu'un époux.
Votre beauté de chair n'est que le vêtement
De votre diamant de cœur, si pur.
Et je n'ai pas changé en me donnant
Tout entier, à cette flamme pure.
Car elle me conforte et m'éclaire,
Sans me brûler, sans m'obscurcir.
Et vous incarnez, dans la grâce,
Mon vieil idéal d'autrefois,
O frère délectable, au même vœu
De gnostique chevalerie.

L'ESSOR

Si je pouvais vous inspirer,
De notre amour, un juste orgueil,
Je vous préserverais de toute défaillance,
Et même des ennuis.
Vous connaissez, au Louvre,
La belle Ferronnière,
Ainsi nommée de ce bijou
Qui est comme une gemme
Dans le milieu du front.
Cette parure est symbolique.
Et ce bijou veut dire :
J'ai joui, je me souviens,
J'espère, nul ne vienne.
Je suis comme coffret mystique.
Et quelqu'un a la clef
Qui donne à ma chair l'essor
Béni des joies extatiques.

MANIÈRE DE MAROT

Ah ! ne vous étonnez, mignonne,
Si je varie, en mon désir vibrant,
Les aspects de votre idéale personne,
Selon mon gré, ou lascif ou brûlant.
Les dieux d'Olympe ainsi firent,
A ce que nous connaissons d'eux,
Et qui trouverait à redire
Qu'un mortel imitât les dieux.
Jupiter en cygne se change,
Aux belles cuisses de Léda.
Il paraît en taureau furieux
Pour émouvoir Europe.
Pour Sémélé il devient foudre,
Et avalanche d'or à Danaé.
Toutes ces métamorphoses
Ne sont que mignardises.
Appeaux, blandices, fantaisies,
Lunatismes, fantasmes,
Au doux déduit de volupté,
Qui fait du ciel en terre
Pâmer divins et bestes.

TU ES UN MONDE

Oh ! les grands fols,
Qui vont cherchant
Autre chose que fleurs au champ.
Et rêverie dedans leur quête,
C'est dérision de souhaiter
Autre empire que volupté.
Autre honneur que caresse.
Quelle couronne vaut tes bras,
Arrondis en tresse amoureuse !
Quelle peinture ton beau teint !
Et quelle statue ton beau rein !
Quelle étoile ton œillade !
De l'univers je ne retiens
Que toi, sa perle mirifique.
Et le rythme de ton sein
M'émeut le cœur d'autre façon
Que les destins des républiques.
Tu es un monde, une Amérique.
Je t'aime, et je suis Colomb.
Il me faudrait toute la vie
Pour te connaître et cultiver
La joie dans vermeille chair,
Comme un trésor caché !

AVRIL

L'hiver encor nous grogne aux vitres,
Ce n'en est pas fini du froid,
De la pluie et des giboulées,
Du ciel morose, et du pavé mouillé.
Mais Avril reviendra, vermeil,
Et comme la nature, alors,
Nous saluerons le gai soleil,
De notre chanson sonore.
Le renouveau sera en nous.
Et la sève partout viendra
Aviver la vie délicieuse
De tes beaux membres délicats.
Voluptueuses armes,
Qui brilleront vaillantes,
A nos tournois exquis.

DIVERSITÉ

La volupté n'est rien que la musique.
Mais la musique apaise et surexcite.
La musique nous baise et nous caresse,
Et c'est la sensation du domaine artistique
Voilà pourquoi ses accents se répètent.
C'est qu'en criant ses vœux de chair,
On a l'écho en soi et tout de suite.
Mais l'amour est autre et divers.
Il emprunte sa forme à ceux qui aiment,
Sublime, ou infirme comme eux.
C'est une échelle de Jacob qui se dresse,
Et monte deux êtres aux cieux,
Ou bien une pente fatale et morne,
Qui précipite un couple dans la Géhenne.
L'amour est fait de nous-mêmes.
Monotone chez l'ordinaire gent,
Diapré, protée, prismatique, infini,
Chez ceux dont l'âme est grande.

ABSOLU

J'ai cette impression étrange
Que tu ne peux aimer que moi,
Non pour aucune raison,
Mais pour toutes ensemble.
Crois à ton tour que nulle au monde
N'incarna jamais mon désir.
Je n'ai joui que dans tes bras,
Sur ton cœur, sur ta bouche.
Avant, je m'étais forcé de croire
Et de sentir, mais sans succès ;
Je n'étais destiné à boire
Qu'à la coupe que tu verserais.
Je ne voudrais verser mon sang
Que pour le baiser de ta bouche.
La volupté, c'est ta personne,
Le plaisir, c'est pour toi.
Et un seul de tes doigts
Me ferait plus de joie,
Que la reine entière de Saba,
Car tu ne peux aimer que moi.

Dans un mois, je te reverrai.
O beau regard, rayon mystique !
Bouche très chère et inspirée,

Bouche boudeuse et très fermée.
Mains de penseuse réfléchie.
Bras d'Isis faisant l'offrande.
Seins de sainte dans un vitrail.
Ventre de vierge et dos lascif.
Vous, douces cuisses, mollets gracieux.
Il me plaît de penser que, devant mon désir,
Tu es femme, sœur, ou camarade.
Que je dispose de toi, sans souci
De contrister ta volonté :
Je la crois telle que la mienne.
Dès lors impudique serait
De garder son désir, de mentir à soi-même,
Comment me refuser ta main,
Quand tu sais que je t'aime.
Et que je suis tout tien.

NOTRE NATURE

Passion, luxure, perversité !
Tel un profane ici lirait
Ces impressions d'un grand amour,
Qui ose ne pas mentir.
Je te désire et je rêve
Des voluptés peu simples.
Mais de moi, comment me cacher ?
Et tu es moi, donc tu comprends.
Tu admets ma fureur.
Tu la partagerais, n'est-ce pas ?
Nous avons en l'âme et l'esprit
Assez de bleu et d'ailes,
Pour nous ébattre impunément
Aux ivresses charnelles.
Pour remonter au ciel
En pensée, en prière,
Que nous faut-il, à nous ?
Ni effort, ni ascèse,
Il suffit, que notre nature
S'abandonne à son seul instinct.

NOSTALGIE

Voluptés étranges que l'amour inventa,
Afin de tout condenser dans l'élue.
Si la dame a la pensée qu'il faut
Pour que l'esprit ne soit pas enlisé
Dans la caresse, et que l'aigle repu
Reprenne son essor et fier
D'avoir poussé plus loin
Que le commun désir.
Dans le clavecin du corps enamouré
D'avoir créé un rythme,
Unique comme celle qui l'inspira.
Si ce sont des pensées d'enfer,
Nous savons des conjurations
Qui désarment les anges.
Que leur importe où va notre délire,
Si à nos larges joies nous mêlons
Des prières et ferventes.
Et si nos corps nous donnent
La nostalgie du ciel.

TA CONSTANCE

Gloire à toi qui as cru malgré tout.
Gloire à ton espérance, la voici
Qui paraît jeune et vermeille.
Épouse de l'esprit! Épouse de la chair!
Reçois celui qui revient de l'enfer
Et qu'éblouit la lumière du jour,
Qu'enivre le feu de ton amour,
O toi dont la constance fut infinie!

POUR MOI...

Ta bouche, qui viendra se poser sur ma bouche,
Épanouie et rose, tel un beau fruit.
Puis sur tes genoux nus je poserai ma tête,
Tes dociles genoux, et sur moi tu te penches
Pour la contemplation de ton enamouré,
Dans tous les paysages tu mettras de ta chair,
Fée de tous les miroirs, nymphe à tous les
  bocages.
Et ainsi j'aurai, moi, un bien réel rêve,
Où le passé au beau présent fera cortège.
Véritable féerie, fantastique mirage,
Qui me rendront encor toute mon ingénuité
Et sauront effacer de ma triste mémoire
Toutes autres voluptés par ton éclat éteintes ;
Tu iras devant moi, ma belle statue nue,
Pareille à Séba aux grandes tentations ;
Pour moi, le cénobite, tu dévoiles ta jambe,
Mais pour moi seulement.

LUXURE

Entre la continence et la débauche,
La folie ou le cilice aux reins,
L'homme n'a pas vu d'autres routes,
Que le renoncement ou le péché.
Arrogant devant les problèmes,
Il ne comprit jamais la volupté.
Au matin primitif sous le regard des anges,
Quand l'homme assemblant les roseaux
S'efforçait de chanter, il se trompa longtemps,
Mais une voix enfin s'élance de la flûte,
Et les esprits de l'air joyeusement sourirent.
Ainsi nous assemblons nos corps désireux
    d'harmonie.
Et nous mêlons aux altières pensées les lascifs
    émois.
Qu'importe si une voix s'élève de la chair,
Et chante un hymne d'harmonie vivante.
Pour que le marbre incarne Jupiter,
Il faut que Phidias pétrisse de la boue.
Ainsi naît l'image d'un Dieu.
Notre chair est la terre que nous devons pétrir
Pour ériger quelque monument d'âme
Qui témoigne pour nous devant les anges;
Ils ne s'inquiètent pas si la main fut discrète,
Et la lèvre timide, mais si une œuvre est née
Aux travaux solennels de luxure.

IN NIDULO

Le lit où largement le désir se déroule,
Libre, nu, abondant, renouvelé,
N'est pas le lieu où je veux célébrer
La joie définitive de l'harmonie trouvée.
Je veux vivre des joies très anciennes,
Des joies de l'Égypte, des joies de Kaldée.
Et comme Salomon, le mage passionné,
Des plaisirs réfléchis, des extases subtiles,
Des sensations enfin où sera mon esprit.
Je veux voir tes pieds nus, dedans l'eau des
    sources.
Je veux voir le soleil briller à ta toison,
Le rayon de la lune venir nacrer ta croupe,
Je veux voir en toi seule toutes mes visions.
Tu lèveras ton beau bras nu et blanc
Sur la vieille muraille du vieux château.
Sous les grands arbres, enlacés, nous irons,
Et tes seins à l'air libre rythmeront nos pas.
Puis, sur l'illustre tombe, oh! ma muse de joie,
Tu me tendras ta bouche toute petite.

ÉPILOGUE

J'avais ce cahier-là en Orient, quand j'étais
seul, devant les ancêtres, et malgré qu'il
soit maculé, il est pur de tout contact
étranger, sachez-le.

Cette page, terne, hélas! représente ce que je
suis, flamme obscurcie, vélin plein de
ratures et de taches, chevalier défaillant et
pécheur ; c'est bien le livre d'Amfortas.

Mais j'ai sa foi et sa chevalerie, et je n'ai
trahi que moi-même; aux combats de la
vie ardue, je n'ai trahi que nous-mêmes, et
non pas le saint Graal ; et nous nous par-
donnons ensemble, car le feu de l'amour
guérit, comme la sainte lance, lorsque chacun peut dire en vérité à l'autre, au très
cher autre, rédemption à qui rédempte !

Je t'ai rédemptée de la vie morne, des agita-
tions vaines, et tu m'as rédempté de la torpeur et du lâche sommeil de l'épée.

Je renais à ton souffle, ô vivificatrice, pour
t'aimer, te bénir et œuvrer,

J'étais dans le tombeau, et tu m'as appelé.

Je me dresse, et je reprends le heaume.

Je me souviens de la prison, où ma propre
    paresse me retenait,
Gloire à ta patience, Élisabeth, toi qui as su
    attendre mon réveil.
Ce livre ressemble à mon âme,
Plein de prières, plein de péchés,
Cherchant le bien en téméraire,
Et menant ma chevalerie
D'un train d'enfer à Monsalvat.
Nul ne ressemble autant à l'ange
Que le démon, et moi pieux
Je porte en aigrette un reflet d'hérésie.
Mes frères les meilleurs furent brûlés.
Génies ivres de vérité et de lumière,
Dont chaque pensée écrasait le vulgaire,
Comme un géant en marche, des fourmis,
Mais ils m'ont mérité une compagne sainte.
Moi, le moindre d'entre eux,
Je règne sur un cœur immense.
Je commande à un subtil esprit.
Et j'ai pour sauver ma force
Un jeune corps de rêve, un cœur.
Moi le dernier, pour tous, je suis béni !
Cy finit le Livre Secret
Que ne doit voir aucun,
Sous peine d'être obsédé
Par les démons lascifs
Et entraîné dans la géhenne.
Car l'auteur est un vrai sorcier,

Qui mit un sort affreux,
Implacable, infaillible,
Pour garder de profanation
Ses charmes amoureux.
Et le philtre destiné
A une femme plus qu'humaine.
Celle-là seule peut y lire,
Sans s'enflammer les yeux,
Et y puiser, dans ses ennuis,
Un vrai dictame.
Et ce sera pour elle un talisman,
Car il y a ici du feu, du sang,
Du ciel et de l'enfer,
Toute une âme.

Τέλος.

NOTICE
SUR LE LIVRE SECRET

Péladan, enlevé en pleine production par une mort que précédèrent de longues souffrances, laisse plusieurs ouvrages inédits.

Celui d'entre eux qui paraît le premier, Le Livre secret, n'avait pas été écrit pour être publié. L'auteur comptait le revoir, le remanier. Il se proposait encore de faire subir un travail de revision à celles qu'il préférait entre ses nombreuses œuvres. Ainsi, quand ils sentent que bientôt sonnera l'heure de s'offrir au jugement de l'immédiate postérité, presque tous les écrivains songent à faire la dernière toilette de leurs œuvres. Mais ils ne trouvent jamais le temps de la faire.

Le Livre secret *fut écrit en 1900 pour une femme. Chaque jour, Péladan en improvisait fougueusement un feuillet que la poste apportait le lendemain à celle qui l'avait inspiré.*

*C'est donc vêtues de leur essentielle sponta-
néité que ces pages passent de l'ombre du
coffret intime où elles reposaient depuis tantôt vingt ans à la brusque lumière de la
publication. Un jour vient où le parfum de
nos secrets s'évapore au souffle de la mort,
plus ardent que celui de notre vie.*

*Voici, telles qu'elles furent griffonnées
dans l'exaltation de l'heure, des pages d'amour.
Mais quelle qualité d'amour se révèle ici? De
chaudes rafales de sensualité s'élancent et
s'élèvent, avec la fureur de vouloir monter
jusqu'aux cieux. Un hymne est chanté à la
beauté de la chair avec la frénésie d'en es-
pérer une mystérieuse transfiguration. La
volupté est invoquée comme un mode de spiri-
tualisation, le mode le plus brûlant.* Le Livre
secret *présente sous l'expression lyrique les
mêmes concepts présentés sous une expression
plutôt didactique dans un* Traité de la Volupté
que Péladan a laissé inachevé.

*Idées et sensations s'entrelacent en ces
effusions jaillies d'un esprit révélant à toutes
pages sa formation au cœur des Renaissances
provençale et italienne dans l'évocation des
ateliers quattrocentistes où de belles Floren-
tines se dressaient nues sur la table à modèle,
et des jardins fleuris de myrtes où de gra-
cieuses dames écoutaient — sans trop bâiller*

peut-être, — les secrets de Guido Cavalcanti et les causeries profondes de Marsile Ficin.

Ainsi la volupté apparaît-elle en ces pages comme une œuvre d'art et aussi comme la source d'œuvres d'art. Qu'elle serait froide, en effet, l'œuvre d'art que n'animerait nulle sensualité, l'œuvre d'art pour laquelle Vénus n'aurait aucun sourire! La sensualité, qui dégrade l'homme vulgaire, se transmute, chez les hommes supérieurs, en modes ennoblis et variables d'activité.

Péladan a pu écrire dans Comment on devient Artiste *: « Peu d'écrivains ont écrit sur l'amour avec autant de lucidité que moi. » Il s'appuyait sur la tradition qui en a éclairé les arcanes à la suite de Platon, Avicenne, Léon l'Hébreu. Le Livre secret montre comment il le sentait. Il le voyait osciller du pôle de la sensualité à celui de l'intellectualité. Il ne le voyait pas plonger dans l'anémique foyer des hautes et anxieuses émotions.*

Victor-Émile **MICHELET**

20 mai 1920.

TITRES DES POÈMES

Préface	1		Toi	41
Dédicace	2		Procédé	42
Doute	3		Réalité	43
Ta Beauté	4		Manière dantesque	44
Lise	5		Evolution	45
Toute la Lyre	6		Volupté	46
Théâtre	7		Noël	47
Matière	8		A Marie	48
Admiration	9		Symposion	49
Art	10		Ars magna	50
Désir	11		Le Miroir	51
Vérité	12		Manière michelangesque	52
Viatique	13		Manière des Troubadours	53
Le Septénaire	14		Sincérité	54
Intimité	15		Le Verger	55
Variante	16		Ganymède	56
Désir	17		Contrition	57
Charnalité	18		Colomb	58
Le vrai Plaisir	19		Paix	59
Célébration	20		Diaconat	60
Chant d'allégresse	21		L'Étudiant	61
Saisons	24		Fêtes	62
Fleurs	26		Nouvel An	63
Dédicace	27		Redite	65
Advis	28		Complaisance	66
Définition	29		Enfantement	67
Notre Reflet	31		Acropole	68
Ma Lyre	32		L'Impondérable	69
La Lentille	33		L'Absence	70
Matines	34		L'Intermonde	71
Les Saisons : Printemps	35		Prœmium	72
— Eté	36		La Garde du Cœur	73
— Hiver	37		L'Année commence	74
Ton Fils	38		Les trois Ailes	75
Tout Amour	39		Vœu	76
Unité	40		Tu seras	77

Sacra Religio 78
Exclusivisme 79
Uniquement. 80
Loin du Monde 81
Possessivement 82
Purification 83
Plastique 84
Ton Cœur. 85
Rite d'admiration . . . 86
Vocation 87
Ironie 88
La Fugue 89
Italie 90
Profils. 91
Symphonie 92
Préméditation. 93
Les Chaînes 94
Tout en toi 95
La Lumière éprise . . . 96
Omnia tua. 97
Autour de toi 98
Séparation. 99
Ronsard, poète de cœur. 100
Comme les anges, comme
  les bêtes. 101
Magie bleue. 102
Chanaan. 103
Le Bonheur est en nous. 104
Cupidon. 105
Mon Amour. 106
Foi 107
Légende. 108

Mot absolu 109
Métamorphoses 111
Ma Force 113
Couronne immarcescible 114
Par toi la lumière . . . 116
Face à face 117
L'Image mobile 118
Pulchritudo 120
Il Commodaccio. . . . 121
De la Chair à la Chair. . 125
Les Chants de Feu. . . . 126
Néant 127
Rêve 128
Pars una 129
L'Union 130
Deux Pigeons 131
Le Flanc. 133
Ars 134
Chevalerie gnostique . . 135
L'Essor 136
Manière de Marot . . . 137
Tu es un Monde 138
Avril 139
Diversité 140
Absolu 141
Notre Nature 143
Nostalgie 144
Ta Constance 145
Pour moi 146
Luxure 147
In nidulo 148
Epilogue. 149

Notice de Victor-Émile MICHELET. 153

LA CONNAISSANCE

9, GALERIE DE LA MADELEINE, PARIS

COLLECTION IN-8 RAISIN

1. J. BARBEY D'AUREVILLY. — *Le Cachet d'Onyx.* — *Léa.*

2. VILLIERS DE L'ILE-ADAM. — Trois contes : *Le Droit du Passé.* — *La Torture par l'espérance.* — *Les Filles de Milton*, avec un portrait et trois eaux-fortes gravées par *Henry de Groux.*

3. CHARLES COUSIN. — *Le Vœu de l'Être* (Poèmes), frontispice par *Henry de Groux.*

4. AN. CATHERINE EMMERICH. — *La Passion de Jésus-Christ*, avec un frontispice et dessins gravés par *Malo-Renault.*

5. RENÉ-LOUIS DOYON. — *Proses Mystiques* (*La Résurrection de la Chair.* — *L'Homme qui a sauvé Dieu.* — *La Dernière*), avec trois eaux-fortes par *Henry de Groux.*

6. JUAN DE YEPES (Saint Jean de la Croix). — *Canciones* nouvellement traduits par *René-Louis Doyon*, avec une étude sur la « Poësie de l'Amour mystique » ; bois gravés par *Malo-Renault.*